L'ABBÉ PÉTRUS CELLE

LYON. — IMP. EMMANUEL VITTE, RUE CONDÉ, 30

L'ABBÉ

PÉTRUS CELLE

ÉCONOME

DU PETIT SÉMINAIRE DE L'ARGENTIÈRE

Par G. L.

Dilectus Deo et hominibus, cujus memoria in benedictione est.

Il fut aimé de Dieu et des hommes ; sa mémoire est bénie

(*Eccli.*, ch. XLV, vers. I.)

LYON

IMPRIMERIE EMMANUEL VITTE

3o, rue Condé, 3o

—

1890

PRÉFACE

E jour même de la mort de M. l'abbé Celle, nous avons eu la pensée d'écrire cette notice ; on a bien voulu nous encourager. Ce modeste travail, qui a été une consolation, nous l'avons entrepris et achevé, en compagnie du cher défunt, presque en sa présence, les yeux souvent levés sur son image. Ce visage qui n'était plus éteint, refroidi et défait par la mort, mais souriant et bon, ce visage semblait revivre ; nous avons cru même parfois, au début surtout, entendre sortir de ses lèvres comme un doux reproche : « Mais que voulez-vous donc faire? que voulez-vous dire de bon sur mon compte ? Je ne suis qu'un pauvre homme (1), cela n'en vaut pas la peine. »

(1) M. Celle, parlant de lui-même, employait souvent cette locution.

Un instant nous avons hésité, craignant d'être en désaccord avec sa pensée d'outre-tombe.

Cependant nous avons passé par-dessus cette crainte, persuadé que le bon père nous pardonnera ; il ne veut point s'opposer aux désirs de ses amis ; quand il s'agissait de faire plaisir, il ne savait jamais refuser. Nous avons, du reste, une autre excuse ; notre prétention n'est pas d'élever un monument, ni d'écrire un livre, l'ouvrage excéderait les forces de l'ouvrier. Réunir et fixer en quelques pages les principaux souvenirs qui rappellent M. l'abbé P. Celle, dédier cette courte biographie à sa famille, à ses amis, particulièrement aux maîtres et aux élèves de l'Argentière, voilà toute notre ambition.

Mais au lieu d'un grand tableau destiné à quelque galerie publique, ne peut-on esquisser un petit portrait, un buste, — la tête et le cœur, — qui s'encadre dans un médaillon, un portrait que l'on aime à conserver et à regarder dans l'intimité, comme dans un sanctuaire ? L'image qui sourit à la première page de cet opuscule, dont elle est la meilleure recommandation, cette image, avec le temps, malgré les promesses de l'art, ira trop vite s'éteignant et se décolorant ; nous serions heureux si la physionomie, que nous désirons reproduire, apparaissait durable et vivante aux yeux des lecteurs. Ils reverront alors ce bon ami, tel qu'ils l'ont connu, les uns, dès sa première jeunesse, preste et svelte, les traits fins, délicats et gracieux, les autres, en plus grand nombre, arrondi, mais non pas alourdi, par un embonpoint précoce, qui le laissait agile et vif ; le visage plus épanoui avait gardé plus largement épandu le même air de bonté, avec l'âge, devenue plus paternelle ; la nature n'aurait-elle pas voulu ménager plus de place à cette bonne grâce toujours souriante ?

Notre tâche sera donc bien remplie si, la lecture achevée, chacun peut dire : « En vérité, c'est bien lui, le fils affectueux, l'élève docile, le chrétien et le prêtre pieux, le fidèle ami, l'habile économe, l'homme toujours aimable ; c'est bien le bon père Celle. » Un dernier vœu encore : ce simple récit n'est point seulement pour consoler et charmer nos cœurs, mais aussi pour édifier nos âmes ; de cette façon, M. l'abbé Celle prêchera davantage après sa mort que durant sa vie. Bien que nous ayons trouvé dans ses papiers deux sermons, bien *composés et bien écrits, sur la Passion de Notre-Seigneur et sur le culte de la sainte Vierge, — nous ignorons s'il les a jamais prononcés, — les fonctions auxquelles il a été appelé, et, plus encore, la défiance exagérée qu'il avait de ses moyens, l'ont toujours tenu éloigné de la chaire. Après sa mort, sa vie sera un exemple qui nous enseignera surtout la bonté, — un mot qui reviendra souvent —, l'humilité et la piété : per illam defunctus adhuc loquitur. (Ep. aux Hébr., xi, 4.)*

Alger, Mustapha-Supérieur,
    Février, 1890.   G. L.

M. L'ABBÉ PÉTRUS CELLE

I

SA FAMILLE

A famille Celle est une des plus anciennes et des plus honorables de Saint-Etienne. En 1670, comme l'atteste un livre de comptes, existait déjà un Celle, marchand de fer, rue de la Ville. Cette ancienneté et cette stabilité dans un même commerce révèlent un esprit d'ordre et la bonne tenue d'une maison ; c'est presque un titre de noblesse (1).

(1) M. l'abbé Celle en était fier ; un jour, quelqu'un appartenant à une famille de fabricants de soieries, lui disait avec une légère pointe d'ironie qu'il croyait aimable : « Monsieur votre père n'est-il point un marchand de fer ?... — Oui, répondit

C'est dans la rue de la Ville que naquit, le 26 août 1797, M. Guillaume Celle, le père de notre abbé. Il était le 8ᵉ enfant d'une famille fort nombreuse ; il eut en effet 23 frères ou sœurs, dont il fut le dernier survivant, après avoir contribué à élever les plus jeunes. A l'âge de 18 ans, à la mort de son père, il prit en main la direction du commerce et la charge de la famille encore à la maison.

Il lui fallut du dévouement et du courage ; on lui a souvent, depuis, entendu dire qu'il avait alors débuté avec 10.000 fr. au-dessous de zéro. Son père avait eu, paraît-il, outre une famille nombreuse, la main trop large et le cœur trop généreux. M. Guillaume Celle, surtout après son mariage avec Mˡˡᵉ Adèle Crolle, admirablement secondé par cette maîtresse femme si labo-

l'abbé, jeune encore et vif, et marchand de fer vaut bien, je pense, marchand de soie » ; — puis jouant un peu sur les mots, il ajoutait : « noblesse d'épée ne passe-t-elle pas avant noblesse de *robes* ? »

rieuse, si douce et si pieuse, sut relever assez haut le niveau de sa fortune. Par ce mariage, M. Celle s'alliait avec une des premières familles de la Loire, les Gérentet de Salunaux ; le grand-père de Mme Celle, Josué de Salunaux, était conseiller du roi au bailliage du Forez. Plusieurs membres de cette famille, en 1793, payèrent de leur tête leur fidélité à la religion. C'était donc une bonne race chrétienne.

M. Celle ne devait point dégénérer ; si, grâce au concours intelligent et actif de sa femme, et plus tard de ses enfants, il dirigea fort heureusement son commerce, il s'occupa aussi beaucoup d'œuvres pieuses. En 1838, il est nommé fabricien de la Grand'Eglise ; en 1842, étant venu habiter rue Royale, sur la paroisse de Sainte-Marie, M. le curé Condamin, dont il resta l'ami jusqu'à sa mort, presque aussitôt le fit entrer dans son conseil de fabrique ; il refusa obstinément l'honneur de la présidence, mais il accepta, pour ne plus la quitter, la charge de trésorier. En 1844, il

est un des fondateurs, à Saint-Etienne, de
l'œuvre de Saint-François-Régis. Entre
temps, il était membre du bureau de bien-
faisance, juge au tribunal de commerce.
De ces dernières fonctions il faisait encore
une bonne œuvre ; à cette occasion,
Mme Celle, qui avait l'œil bien ouvert sur le
magasin, voyant le bureau fréquemment
envahi par les parties intéressées, que
M. Celle s'évertuait à concilier, avait établi
un second bureau, pour elle et pour son
fils aîné ; de cette façon, M. le juge pouvait
à son aise accommoder les procès ; les
affaires n'y perdaient rien.

Mais l'œuvre à laquelle il attacha son
cœur et consacra le plus d'efforts, ce fut
l'œuvre de la Propagation de la foi. Il fit
partie du comité fondateur à Saint-Etienne,
et pendant 3o ans, il fut trésorier de
l'œuvre. Il ne se contentait pas d'encaisser
exactement les sommes remises ; il expé-
diait lui-même — et pour cela il quittait
tout, affaires, réunions de famille — les
Annales aux diverses paroisses de l'arron-

dissement. Au début, si quelques-unes
n'étaient pas encore inscrites sur son re-
gistre des recettes, — vrai livre d'honneur
— lui, si réservé d'ordinaire, il se permettait d'envoyer à MM. les curés de ces
paroisses, avec une brochure des Annales,
une lettre fort polie, pour éveiller leur attention et leur zèle. Il était heureux et juste-
ment fier d'aller tous les ans à Lyon, pour
la fête de saint François-Xavier, rendre ses
comptes et déposer sa recette, — environ
50.000 francs.

Aussi on applaudit vivement à la distinc-
tion qui lui vint de Rome en 1873. Mgr
Bataillon, évêque d'Enos, illustre et saint
missionnaire lyonnais en Océanie, avait
obtenu de Sa Sainteté Pie IX, pour M. Celle,
la croix de chevalier de l'ordre de Saint-
Grégoire. C'est à Villars, à sa maison de
campagne, qu'il reçut cette nouvelle. Sa
joie, — la joie d'un bon chrétien, plus heureux encore que fier d'être décoré par le
Pape, — fut cependant mêlée de quelque
tristesse. Il se mit à pleurer, disant : « Je

ne méritais pas cet honneur, mais tout de même, c'est deux ans trop tard. » Pensée tendre et délicate; depuis deux ans, Mme Celle était morte; il aurait voulu qu'ayant été à la peine, elle fût aussi à la joie et à l'honneur.

Peut-être nous sommes-nous arrêté trop longtemps sur ces détails; mais parler du père, c'est déjà parler du fils; le *talis pater talis filius* du vieux Lhomond est une règle de morale autant que de grammaire; bien avant Lhomond, l'auteur des Proverbes disait que l'enseignement du père, exemples et leçons, fait la sagesse du fils (1); c'est de l'atavisme, et du meilleur; la fleur et le fruit ne sont-ils pas déjà dans la racine ? Aussi, dans le père on retrouve le zèle pieux et l'activité dévouée qu'on admirera dans le fils. Et puis la vocation sacerdotale de l'abbé Celle, alors que, dans la société, les carrières lui étaient facilement ouvertes, ne serait-elle pas, en même temps qu'une grâce pour

(1) *Filius sapiens doctrina patris* (Prov., XIII, 1).

lui, un honneur et une récompense pour son père ? Car ce père chrétien considéra toujours comme un grand honneur le choix d'un de ses fils par Dieu, qui voulut bien l'élever au sacerdoce. Tobie ne dit-il pas que dans ses fils Dieu honore le père et qu'il a des bénédictions particulières pour le fils de l'homme de bien (1) ? Cette bénédiction divine, M. l'abbé Celle y a fidèlement répondu toute sa vie ; il commença dès sa première jeunesse.

II

M. CELLE ENFANT, ÉLÈVE, NOVICE

Nous avons dit que le père de Guillaume Celle eut vingt-quatre enfants ; ce dernier en eut douze ; — familles d'autrefois, aujourd'hui trop rares. Pétrus était le cinquième ; il vint au monde rue de la Ville, le 12 novembre 1828. « Tout petit, nous

(1) Tob., iii, 3 ; vii, 7.

écrit un de ses frères, il était le plus sage, le meilleur de tous ; il fut, dès le principe, ce qu'il a été toujours, aimable et gai, bon pour tout le monde. Déjà aussi se manifestait sa piété délicate et tendre ; il faisait ses prières avec la candeur de l'enfance, mais avec une attention au-dessus de son âge. Comme on l'a remarqué pour plus d'un saint prêtre, il ne se contentait pas de déclarer qu'il voulait être « curé », il se plaisait à dresser de petites chapelles ; il improvisait un autel et il disait pieusement la messe. » Sans doute il y a, dans ces saints et gracieux amusements, la part à faire à l'instinct d'imitation chez les enfants ; mais ne sont-ils pas quelquefois les premiers signes d'heureuses dispositions, et presque toujours la preuve que la jeune âme grandit, docile aux bonnes impressions, dans un milieu favorable à la piété, favorable aux desseins de la Providence ?

Ces desseins de Dieu, M. l'abbé Clément, vicaire à Saint-Etienne, les avait devinés ; voyant un jour le petit Pétrus célébrer dévo-

tement « sa messe », il lui dit : « Quand je
serai curé de Saint-Charles, — il était alors
question de créer cette paroisse, et M. Clément ignorait sans doute qu'il dut en être
le curé, — je te prendrai pour mon vicaire. »
Il s'en fallut de peu que la plaisanterie fût
une prophétie ; vingt ans après, M. Clément, devenu curé de Saint-Charles, pro-
posa à M. l'abbé Celle d'être son vicaire ;
mais M. Celle était agrégé à la société des
Chartreux; il y resta fidèlement attaché.

C'est à cette maison de prêtres diocésains
qu'il a appartenu depuis sa jeunesse par son
éducation, et jusqu'à la fin par sa vie sacerdotale. A l'âge de 12 ans, en 1840, il entre,
en huitième, au Pensionnat des Chartreux.
C'était aux premières années de cette Institution, qui a grandi rapidement, et tient à
Lyon, depuis cinquante ans, une si utile et
glorieuse place dans l'œuvre de l'éducation
chrétienne. Durant les huit années de ses
études classiques, le jeune Pétrus se fit
aimer de tous, maîtres et élèves ; un de ses
condisciples nous écrit : « C'était un enfant

candide, très aimable et très aimé ; il avait une piété angélique, une conscience fort délicate, jusqu'au scrupule, — mais pour lui seulement ; pour les autres, cette piété était toujours douce et agréable ; par elle il acquit une vraie influence, on le voyait avec bonheur faire le bien, s'occuper, — quand il fut plus grand, — des plus jeunes enfants, surtout aux époques de la première communion. »

Un autre condisciple, qui fut son maître ensuite, nous apprend « qu'il ne laissait rien à désirer pour le travail et la conduite ; son caractère était excellent, sa conscience très délicate, — toujours sur ce point la même note ; — peu d'élèves qui aient été plus aimés ; — c'est encore et ce sera toujours aussi le trait particulier de sa physionomie. — Sans être à la tête de sa classe, il y tenait un fort bon rang ; à la fin de l'année, il avait sa part de prix ; il ne manquait jamais les prix d'honneur, de bonne conduite et d'instruction religieuse. » Nous savons d'ailleurs, — ce n'est point lui qui nous l'a jamais dit, il était bien trop modeste, — qu'en philosophie et en mathématiques, il eut des succès plus marqués. A cette époque, à cause du certificat d'études exigé, le Pensionnat envoyait au Lycée ses élèves suivre les cours de philosophie et de sciences ; le jeune Celle, dans une classe très nombreuse, était habituellement dans la première dizaine.

Enfin le vénéré supérieur d'alors, M. l'abbé Hyvrier, et qui l'est encore aujourd'hui, après plus de cinquante ans de vaillants labeurs, couronnant si noblement sa longue et brillante carrière, par une activité toujours jeune à quatre-vingts ans, — les cheveux ont blanchi, le cœur est resté ardent et dévoué à sa belle œuvre, — M. le Supérieur donc nous adresse, éloquente dans son laconisme, cette note retrouvée dans les vieux registres de la maison : « Pétrus Celle, élève pieux, régulier, travailleur, tout à son devoir. » Tout à son devoir, ce sera la devise de toute sa vie ; l'arbre était contenu dans le germe, le fruit dans la fleur ; l'homme et le prêtre ont tenu les promesses de l'enfant et du jeune homme.

Ses études classiques terminées, le jeune Pétrus Celle entre au noviciat des prêtres de Saint-Irénée aux Chartreux ; l'enfant qui, à sept ou huit ans, s'essayait, par amusement pieux, à reproduire à sa façon les cérémonies de la messe, allait se préparer au sacerdoce. Sa vocation, cultivée du reste par M. l'abbé Mutin, Directeur du Pensionnat, puis par M. l'abbé Girin, son professeur d'abord, son directeur ensuite, et depuis toujours son intime ami, sa vocation, au milieu de camarades qui se destinaient aux carrières libérales, ne s'était point perdue. Plusieurs de ses condisciples, comme plus tard d'autres élèves de l'Institution, suivirent cet exemple.

La tradition se maintient ; si nous ne craignions pas de sortir de notre cadre, nous pourrions citer des noms ; dans le clergé séculier, dans les ordres religieux, et presque tous en place vraiment honorable, nous rencontrons des élèves du Pensionnat des

Chartreux. Si l'on nous permettait d'ouvrir une parenthèse, nous oserions dire que ce mélange d'élèves, image de la société chrétienne elle-même, offre plus d'un avantage. Les jeunes gens se préparant les uns pour le monde, suivant l'expression consacrée, les autres pour le sacerdoce, font ensemble l'apprentissage de la vie, avec grand profit mutuel. Sous une surveillance paternelle et une direction chrétienne, la piété et le travail se prêtent un appui réciproque et efficace ; ces enfants apprennent à s'estimer et à s'aimer, et plus tard quand, après s'être unis par les saines amitiés de collège, ils se retrouveront, ils ne seront pas des inconnus, venant de camps opposés, mais comme les fils d'une même famille. M. l'abbé Celle, tout le monde l'a remarqué, durant le cours de sa vie, sans faire jamais fléchir les vrais principes, sans rien perdre lui-même à ce contact, séduisait vite les laïques mis en rapport avec lui, par son caractère ouvert, facile, jovial même, par ses paroles aimables. Sans doute il devait à sa nature bienveillante, achevée par la vertu, cette aménité qui charmait ; mais peut-être cet apprentissage, dont nous avons parlé, qu'il avait fait de la vie au Pensionnat, en compagnie de camarades venus du monde pour y retourner, avait-il secondé la nature. Fermons la parenthèse et continuons notre récit.

Pétrus Celle va donc suivre sa vocation ; il obéit avec simplicité à l'attrait de la grâce. Il avait cependant pour le commerce de rares aptitudes, que Dieu se réservait d'employer un jour au service du diocèse. Il en avait donné les premières preuves quelquefois pendant les vacances. Alors Mme Celle, l'esprit toujours en éveil, ne laissait autour d'elle personne inoccupé ; Pétrus devenait donc à son tour commis-voyageur de la maison et s'en allait, avec le vieux cheval légendaire de M. Celle, à travers les montagnes de la Haute-Loire. Il nous a souvent raconté ses succès auprès des forgerons ; c'est que là, comme partout, sa bonne grâce opérait. Il y fallait aussi quelque adresse ; ces braves gens, heureux de voir le fils du bon **M.** Celle, voulaient toujours sceller le marché en trinquant à la santé de la famille ; c'était une politesse ; Pétrus était bien trop poli pour refuser, mais avec la délicatesse de l'estomac, une autre délicatesse, celle d'un esprit cultivé qui se modère, combattait cette politesse, et alors habilement il inventait une histoire, qui détournait l'attention, et, d'un coup de main preste et adroit, il faisait une libation sous la table.

Sa vocation sacerdotale rencontra des obstacles plus élevés et plus nobles ; par sa bonne grâce, par sa gaîté, par sa piété, par sa tendresse filiale, il attirait les regards et retenait l'admiration de plus d'une mère de famille. Plusieurs firent des avances à Mme Celle. « Que vous êtes heureuse, lui disait-on, d'avoir un fils si charmant, si doux, si aimable ! combien de mères voudraient partager un peu ce bonheur avec vous ! » Dans une famille amie, où Pétrus était particulièrement apprécié, les deux pères, tout en se livrant au jeu de dames des combats interminables, restés célèbres, ébauchaient déjà quelque riant projet d'avenir, l'un pour sa fille, l'autre pour son fils... Mais Dieu prenait bientôt pour lui les deux enfants, objets des combinaisons et des espérances paternelles, et les consacrait tous deux au service de la religion.

Aux Chartreux, le pieux novice, Pétrus Celle, fut ce qu'il avait été à l'Institution, étudiant laborieux et camarade aimé de tous ; ce n'est point notre faute si l'on retrouve toujours les mêmes adjectifs sous notre plume ; les mêmes qualités appellent les mêmes mots. Il se pénétrait chaque jour davantage de la sainteté du sacerdoce, vers lequel il s'avançait avec crainte et humilité, mais aussi avec docilité et avec joie. « Qu'est-ce que Dieu va bien faire de moi ? » disait-il quelquefois. Dans cette maison bénie, où les novices étaient accueillis par les anciens, par les Pères, comme des enfants bien-aimés, comme les chères espérances de l'avenir ; dans ce noviciat où régnait, sous une autorité paternelle et affectueuse, dans une

sage liberté, entre les jeunes lévites, une fraternelle amitié, Dieu faisait de M. Celle un
bon prêtre, grande et sainte chose.

C'était d'ailleurs continuer une longue
tradition ; avant la Révolution, il y eut
beaucoup de prêtres dans la famille de
Mme Celle, et plusieurs même furent guillo-
tinés pour avoir refusé le serment à la cons-
titution civile du clergé ; on a conservé
quelques noms : Pierre Gérentet, cordelier
à Saint-Bonaventure, à Lyon ; Mathieu Gérentet, bénédictin ; Jean-Marie Gérentet,
chanoine au chapitre de Montbrison ; aujourd'hui encore, M. Ferdinand Celle, père
jésuite, est missionnaire au Maduré. Plusieurs filles aussi entrèrent en religion ; une
tante de M. Celle, Eugénie C... était, il y
a quelques années, directrice à la communauté des sœurs de Saint-Joseph, à Lyon ;
actuellement Mlle Marie C... est religieuse
au Sacré-Cœur de la Ferrandière.

Dans ces familles nombreuses et chré-
tiennes, Dieu se fait sa part. M. l'abbé
Celle allait grossir ce bataillon sacré, et

travailler, comme un bon ouvrier, la portion de la vigne où le divin Maître l'appellerait. Il devait l'employer comme un
serviteur dévoué dans l'œuvre de l'éducation.

III

L'ABBÉ CELLE PROFESSEUR ET PRÉFET DES RÉCRÉATIONS

En 1852, il retourna au Pensionnat
comme professeur de neuvième ; l'année
suivante, il fut nommé préfet d'étude et de
discipline ; il redevient professeur en 1858
et 1859. Tous ceux qui l'ont vu à l'œuvre
se rappellent, les maîtres, sa complaisance,
son esprit de bonne confraternité ; les élèves, son affection et sa bonté, qui ne faisait
point tort à sa fermeté et à sa vigilance. La
note que nous transmet M. le Supérieur,
après avoir interrogé ses souvenirs, dit tout
en quelques mots : « Comme maître, il fut
toujours très régulier, tout à ses fonctions,
avec zèle et avec dévouement, et — charge

ou mission difficile, où plus d'un réussit avec peine — il fut longtemps surveillant de dortoir, avec plein succès. »

Pendant son séjour au Pensionnat, il acheva de se lier davantage avec M. Girin, Directeur, qu'élève il avait eu comme professeur de philosophie. M. l'abbé Girin, sous des dehors toujours aimables, mais un peu réservés, presque timides même, malgré sa haute taille et son grand air, cachait un cœur très bon et très généreux, prompt à se montrer à l'heure voulue ; M. Celle fut conquis par cette haute intelligence et cette grande bonté ; ce fut une longue amitié réciproquement fidèle et confiante, que la mort même ne brisa pas complètement. M. Celle donna son cœur et son âme, son âme avec sa conscience obéissante, son cœur avec sa tendresse dévouée ; survivant à son ami, il lui garda le culte du souvenir.

Aussi lorsque M. l'abbé Girin fut nommé Supérieur du petit séminaire de l'Argentière, M. l'abbé Celle ne tarda guère de l'y rejoindre. C'est en 1860 qu'il y arriva,

comme professeur de huitième ; puis il re-
prit bientôt les fonctions plus actives de
préfet de récréations ; enfin, en 1866, il fut
préposé à l'économat, qu'il devait diriger si
habilement jusqu'à sa mort. Il nous a souvent raconté quelle heureuse impression il
éprouva, lorsque, le jour de la rentrée, arrivant par la route des Halles, il découvrit
en face, dominant la gracieuse vallée de la
Brevenne et assis au pied du Châtelard, le
séminaire de l'Argentière, son dôme majes-
tueux, ses vastes édifices, encadrés par une
double couronne de platanes et de tilleuls,
— ils avaient revêtu les premières teintes
dorées de l'automne. Tout de suite, comme
tant d'autres d'ailleurs, il aima cette chère
maison. C'est là qu'il allait passer trente
années de sa vie, *grande ævi spatium* ; c'est
là qu'il donnera toute la mesure de son esprit et de son cœur.

Le nouveau préfet fit voir aussitôt qu'il
savait son métier. « Il était toujours partout, nous ont dit quelques élèves d'alors ;
dans ces cours immenses, sous les colon-

nades, le long des nombreux corridors, il allait et venait sans cesse; on le rencontrait toujours avec un bon mot aimable ou un pourquoi interrogatif, qui l'était un peu moins; les jours de promenade, il faisait d'ordinaire deux ou trois fois la route, allant de la tête à la queue, et revenant sur ses pas, infatigable. » Qu'auraient dit ces élèves, s'ils avaient su que, certains jours de ces grandes promenades célèbres, commencées dès le matin, — 18 à 20 kilomètres de marche, — cet infatigable était à jeun ? On était en carême; il était parti sans rien prendre, tant sa conscience était scrupuleuse, à tort sans doute, mais en même temps délicate ! les saints aussi ont commis de ces exagérations. Il nous a quelquefois révélé le secret de son activité, aux heures de surveillance. « J'avais alors présents, dans ma pensée, les noms et les visages de presque tous les élèves, — il y en avait deux cent cinquante au moins; — je me demandais continuellement où se trouvaient tel et tel, et celui-ci et celui-là, repassant ma liste et ne cessant de chercher les uns qu'après les avoir aperçus et pour découvrir les autres. » Un bon colonel, dit-on, doit connaître tous les soldats de son régiment ; M. Celle était donc un bon préfet ; il avait une excellente méthode, à coup sûr, mais fatigante ; la conscience du prêtre tenait en éveil l'esprit et stimulait l'activité du maître.

Dans l'exercice de ces fonctions difficiles, M. Celle savait allier, dans une juste mesure, les sévérités nécessaires de la discipline avec la bonté de l'ami et la tendresse même du père. Si quelques étourderies plus graves provoquaient parfois des gronderies un peu vives, la paix était bientôt faite ; car, la punition infligée, l'élève sentait bien vite que la plus grande peine était du côté du maître ; celui-ci, après l'émotion, assez prompte quelquefois, de la première heure, cherchait souvent et trouvait le moyen de remettre ou d'atténuer le *pensum* donné ; l'autorité n'y perdait rien, au contraire ; l'affection y gagnait, et le cœur n'est jamais de trop en éducation.

Malgré le succès obtenu et le bien opéré
par le vigilant et actif préfet, M. Girin, qui
connaissait les qualités de son ami, voulut
l'associer plus intimement à son œuvre. Il
le fit nommer économe. Nous voulons être
sincère ; cette nomination, à cause sans
doute de la jeunesse relative de M. Celle,
excita d'abord quelque étonnement ; mais
le nouvel économe, par son aménité, acquit
bien vite toutes les sympathies, et, par ses
rares aptitudes comme par ses succès, il
montra que M. Girin avait eu la main heureuse.

IV

L'ABBÉ CELLE ÉCONOME

§ I

L'Argentière des Chanoinesses.

M. Girin avait besoin de M. Celle pour
mener à bonne fin le projet qu'il avait conçu
dès son arrivée ; déjà même il avait, en
1864, fait donner les premiers coups de

pioche; car il s'agissait de construire enfin l'aile gauche. Sans vouloir, à cette occasion, raconter tout au long les origines des bâtiments qu'il fallait achever, cependant, pour rattacher le présent au passé, nous croyons intéresser les élèves et les maîtres du séminaire, à qui s'adresse particulièrement cette notice, en reproduisant ici quelques pages de la monographie si bien écrite par un ancien élève, resté un fidèle ami de l'Argentière (1).

« Vers la fin du treizième siècle, le damoiseau Aymond de Coise fonda, dans sa propre maison d'abord, un prieuré de l'ordre de Saint-Benoît, pour trois de ses filles et neuf autres demoiselles nobles. Peu après, un monastère, dépendant de l'abbaye de Savigny, fut construit par les exécuteurs testamentaires du fondateur. Ils en choisirent l'emplacement dans un lieu recueilli,

(1) *Le Séminaire de l'Argentière*, par Alexandre T. (Lyon, Josserand 1873.) Nous espérons que, dans sa bienveillance, l'auteur nous autorise à faire cet emprunt.

tout auprès du ruisseau appelé Coise, qui descend des hauteurs d'Aveize, pour aller se perdre dans la Brevenne. Cet édifice affectait la forme d'un petit château flanqué de tourelles, avec une chapelle dans laquelle les religieuses prenaient accès par une tribune. La construction, assez grossièrement exécutée, avait dû subir diverses retouches, car il y a quarante ans, — maintenant près de soixante, — lorsque en subsistait encore une portion, on y reconnaissait facilement les traces des XIVe, XVe et XVIe siècles. Tous ceux qui ont passé à l'Argentière ont gardé dans leur imagination l'empreinte de cette pittoresque ruine appelée le Vieux Chapitre. Aujourd'hui, le clocher seul, avec ses petites fenêtres, ornées de trèfles à moitié brisés, est debout encore, appuyé sur une arcade légère, que soutiennent des pilastres, dont la partie inférieure se termine par des animaux fantastiques. Le vieux débris ogival, caché dans son nid de verdure, est toujours du plus poétique effet.

« Sire Aymond de Coise avait changé ses filles en bénédictines : ces bénédictines, sur la fin du dix-huitième siècle, furent changées en chanoinesses. A la suite d'un procès avec l'abbé de Savigny, Mme du Fenoÿl, qui se trouvait à la tête du prieuré, obtint de Louis XVI des lettres patentes, qui érigeaient en chapitre noble le modeste monastère... Pour en faire partie, il fallait prouver huit degrés de noblesse du côté paternel et trois du côté maternel. Un bref de Pie VI ayant supprimé bientôt après l'abbaye de Savigny, les biens en furent donnés par tiers aux chapitres de l'Argentière, d'Alix et de Leigneux.

« Ainsi dotées, les chanoinesses de l'Argentière voulurent se faire élever une habitation qui répondît à leur nouvelle dignité ; l'archevêque de Lyon, Mgr de Montazet, posa solennellement la première pierre, en l'année 1777 ; il se peut lire encore, sur un bloc scellé dans la façade de l'aile gauche du séminaire, une inscription qui rappelle ce souvenir. On a conservé à l'Argentière,

imprimé sur satin, le plan des édifices pro-
jetés : au centre, l'église, avec un fronton
supporté par des pilastres ioniques, et au-
dessus, un dôme noble et élégant; de
chaque côté un gracieux bâtiment, qui
s'appuye sur une série d'arcades ouvertes et
formant galerie; puis les ailes s'étendent
à droite et à gauche, composées l'une et
l'autre de six constructions séparées, mais
reliées, toutes sur le même plan que celles
dont nous venons de parler.

« Les travaux furent activement poussés.
Déjà les chanoinesses, qui appartenaient
pour la plupart aux grandes familles du
Lyonnais, voyaient s'approcher le moment
où elles s'installeraient dans leurs vastes et
riants domaines, quand soudain la tempête
révolutionnaire balaya tous les projets et
toutes les espérances. Les comtesses de
l'Argentière durent se disperser; les travaux s'arrêtèrent, et les constructions,
qu'on avait eu le temps d'achever, c'est-à-
dire, l'église et les deux belles maisons
assises à ses côtés, furent vendues. »

Lorsque, après l'horrible tourmente, le calme se leva, la noble façade, comme un palais inhabité, du pied de sa montagne feuillée, dominait toujours la vallée de la Brevenne (1). En 1803, S. Em. le cardinal Fesch fit l'acquisition de ces bâtiments, et la petite colonie cléricale vint de St-Galmier s'établir à l'Argentière, et l'Argentière fut petit séminaire.

En 1825, l'essaim de la jeunesse se pressait plus nombreux, il fallut agrandir la ruche ; M. Loras, alors supérieur, entreprit et acheva l'édification de l'aile droite. Néanmoins tous les besoins n'étaient pas satisfaits ; la symétrie de l'élégante façade était rompue ; cette aile droite appelait une aile gauche. Nul ne voyait l'Argentière, de près ou de loin, sans exprimer ce désir ; M. Girin voulut répondre à cette longue attente ; les élèves, alors au nombre de près de 3oo, se trouvaient à l'étroit ; et

(1) *Le Séminaire de l'Argentière*, par Alexandre T. *passim.*

puis on parlait déjà du chemin de fer qui devait traverser la vallée, faisant concevoir des espérances plus riches encore. On se mit donc à l'œuvre.

§ 2

Construction de l'aile gauche.

Nous avons dit qu'en 1864 — le 26 avril — on donna les premiers coups de pioche. Quelques obstacles, puis surtout les malheurs de la guerre de 1870, suspendirent les travaux. En 1872, ils reprirent très activement; le 25 juin 1873, Mgr Callot vint solennellement bénir, avec la première pierre, la construction déjà bien avancée, et à l'automne suivant, on prit possession de l'édifice, salle de récréations, classes vastes, très bien aérées et chauffées, et dortoirs immenses ; l'Argentière était achevée.

Mais voici l'œuvre à sa fin, et nous n'avons pas prononcé le nom de M. Celle ; que faisait-il donc ? Pendant que les pierres se remuent et s'élèvent, il est là comme l'esprit qui anime la matière, *mens agitat molem*. Aussitôt installé, le nouvel économe, interprète de la pensée de M. le Supérieur, dévoué sans doute à sa personne, mais également dévoué à l'Argentière, prépare l'avenir. Il cherche et il rassemble les ressources nécessaires, et, malgré la modicité du prix des pensions dans nos séminaires, il administre si bien qu'il amasse d'assez belles économies. Puis, l'œuvre reprise, il passe les nombreux marchés, il inspecte les matériaux, surveille les travaux divers ; il est là, toujours là, dirigeant tout avec une compétence qui grandit chaque jour. Ne lui parlez pas d'architecte, ce serait trop coûteux ; du reste il a su mettre la main sur un entrepreneur qui, sous une enveloppe peut-être un peu lourde, cache l'habileté d'un homme du métier, et montre la conscience d'un honnête homme, M. Delorme devient bientôt un ami de M. Celle, et, comme lui, prend à cœur l'heureux achèvement de la construction ; avec son expérience, il y met son point d'honneur ; il y ajoute, à l'imitation

des constructeurs de cathédrales au moyen
âge, un ciment qui sanctifie les matériaux,
quelques bonnes dizaines de chapelet. Grâce
à ce double concours, sans grever l'avenir,
tout payé comptant, le projet de M. Girin
était réalisé.

Autrefois, pour être admis dans une cor-
poration, il fallait présenter une œuvre qui
prouvât le savoir-faire de l'ouvrier ; c'était
le chef-d'œuvre. M. Celle pouvait compter
au nombre des économes habiles, il avait
fait son chef-d'œuvre : l'aile gauche du séminaire de l'Argentière. Aussi, quelques
années après, un jour de grand congé, dans
une chanson où, sous l'allégorie d'un vais-
seau, on faisait l'histoire du séminaire, on
couvrait d'applaudissements le couplet suivant :

> Les flancs trop étroits du navire
> Deux fois il faut les élargir ;
> Ces bâtiments que l'on admire,
> Honneur à qui les fit surgir.
> Oui, portés, chacun par votre *aile*,
> Je vous le dis en vérité,

> Vous irez, Loras, Girin, Celle,
> Ensemble à la postérité.

C'était justice de rapprocher à ce propos du nom de M. Girin celui de M. Celle, qui, dévoué sans doute, nous l'avons dit, à la personne de M. le Supérieur, se donna tout entier à sa chère maison. Aussi, quand, en 1876, la mort vint enlever à l'affection et à l'estime de tous, maîtres et élèves, M. l'abbé Girin, qui, pendant 17 ans, dirigea le séminaire avec tant de succès et d'autorité, ce fut un grand deuil. M. Celle pleura l'ami intime, qu'il n'oublia pas, le directeur de son âme; mais sa douleur et ses regrets ne l'empêchèrent point de prêter tout son concours le plus loyal au nouveau Supérieur, M. l'abbé Botton. Sous sa haute direction, il continua son œuvre avec le même zèle et le même courage; il travaillait pour l'Argentière.

§ 3

Suppression des classes de Philosophie et de Mathématiques.

La chanson dont nous avons cité un couplet, disait encore :

> Le navire agrandi s'avance ;
> La mer est belle et le ciel pur.
> L'équipage est plein de vaillance,
> En avant ! l'avenir est sûr...
> Mais tout à coup, dans la nuit sombre,
> Notre grand mât est renversé.
> La foudre avait frappé dans l'ombre ;
> Dieu te protège ! ô cher blessé (1).

Traduisons en prose :

Le séminaire est achevé ; le chemin de fer qui, de Lyon à Montbrison, courait dans la vallée, mettait l'Argentière en communication facile avec tout le diocèse. Avec plus d'espace, on avait plus d'avenir, partant plus de courage. Tout allait bien ; grâce surtout aux classes de Philosophie et de

(1) Ce couplet ne fut pas chanté en public.

Mathématiques, instituées depuis près de quatre-vingts ans, comme le complément naturel et nécessaire des études, les grands élèves continuaient à maintenir le vieil et bon esprit traditionnel.

Au nombre de 30 à 40 au moins, ces jeunes gens de 17 à 20 ans, faisaient en effet beaucoup de bien ; c'étaient comme les soldats d'élite au régiment ; à la tête de la communauté par l'âge, par la gravité relative, par l'ancienneté, ils donnaient le ton ; ils entraînaient les autres. Il était beau de voir, tous les dimanches, 20 à 25 grands garçons se lever, traverser pieusement la chapelle, aller faire la sainte communion ; n'était-ce pas toute une éloquente prédication ?

Il y avait sans doute un mélange, que des esprits prévenus ou superficiels, n'ayant pas vu de leurs yeux, estimaient anormal ; quelques élèves se destinaient aux carrières libérales, ou simplement aux affaires, au commerce, — et les familles modestes étaient fort heureuses de trouver un séminaire, où leurs enfants pussent recevoir, avec l'éducation chrétienne, l'instruction complète, conforme aux programmes des examens ; — les autres, en grande majorité, se préparaient à entrer directement et bientôt au grand séminaire. Ces derniers, disons : les séminaristes, formaient comme une compagnie sacrée, que rien n'entamait ; ils avaient le nombre, ils avaient aussi la force, c'est-à-dire toute l'influence par le travail, par la conduite, par la piété. Exerçant cet apostolat de l'exemple, et souvent celui de la parole dans les conversations, ils étaient les meilleurs auxiliaires de leurs maîtres, au profit du bon esprit et de la discipline (1). Les autres, appelons-les les laïques, étaient, pour employer une locution du jour, comme plongés dans un milieu de culture favorable ; à ce mélange donc, disons mieux, dans cette société ils gagnaient beaucoup ; et

(1) Un ancien élève de cette belle époque, novice plus tard chez les R. P. Jésuites, qui se connaissent en éducation, racontant ce qui, sur ce terrain, se faisait de son temps à l'Argentière, par les élèves eux-mêmes, un Père lui repartit : « Mais c'est très bien, c'est l'idéal. »

les séminaristes ne perdaient rien. Plus
tard, prêtres et laïques, Argentériens toujours unis, étaient heureux de se rencontrer,
et les prêtres trouvaient plus d'une fois
l'occasion de reprendre, encore au profit des
laïques, l'apostolat commencé au séminaire.

Les vocations sacerdotales n'en souf-
fraient pas,... au contraire. Pour le prouver
un chiffre suffira. En 1876, l'Archevêché
fit demander une note établissant le
nombre d'élèves devenus prêtres, sortis de
l'Argentière, de 1865 à 1875. En l'absence de
M. le Supérieur, malade, M. Celle, de concert avec M. le Directeur, fit cette recherche
dans ses souvenirs et dans les registres;
pour les dix années indiquées, on put
compter 270 vocations, soit 27 par année.
Ne parlons pas de la qualité, les Argentériens n'ont jamais, que nous sachions, fait
tache dans le clergé lyonnais ; nous pouvons
dire seulement que plusieurs fois M. le
Supérieur a reçu des chefs d'ordres religieux, notamment de M. le Directeur des
missions étrangères, des remerciements et

des félicitations à l'adresse des élèves venus directement de l'Argentière.

Nous avons écrit tout à l'heure un « au contraire » qui a besoin d'une courte explication; au sortir de la rhétorique, certains élèves, parfois des meilleurs, dont la vocation est, à leurs yeux surtout, incertaine, hésitent; choisir tout de suite une autre carrière, entrer dans le monde, ils ne le voudraient, craignant de ne plus entendre la voix de Dieu, s'il les appelle vraiment, et qu'ils désirent suivre; franchir immédiatement le seuil du grand séminaire, revêtir la soutane, ils n'osent, ayant peur d'être obligés de revenir sur leurs pas, de quitter un jour cette soutane, comme un soldat qui recule, déserte et jette l'uniforme ; sentiment très délicat, qui nous paraît fort respectable (1). Que faire

(1) Ce sentiment a été bien compris et bien respecté par Messieurs de Saint-Sulpice : à Issy, près de Paris, où l'on enseigne spécialement la philosophie, se trouvent mêlés des élèves qui portent, les uns la soutane, les autres le costume laïque. Ces derniers ne revêtent le costume ecclésiastique qu'au

alors ? Autrefois ces élèves restaient, ou venaient d'ailleurs, à l'Argentière ; ils avaient devant eux, dans un milieu excellent, deux belles années d'études et de réflexions. Alors, avec l'âge qui les murissait, le travail, la piété, les exemples des condisciples, les conseils des maîtres, la grâce de Dieu, tout concourait à protéger et à éclairer ces vocations, qui se décidaient avec joie et avec sécurité. Plus d'une fois, nous avons entendu dire par des prêtres, voire même des évêques : « Après Dieu, c'est à l'Argentière, qui m'a permis cette station de quelque mois, que je dois mon sacerdoce. »

Or, vers la fin de l'année scolaire, en 1877, par décision de Mgr Caverot, archevêque de Lyon depuis un an, ces deux classes de philosophie et de mathématiques furent supprimées à l'Argentière. A l'Argentière on s'inclina muet, triste et respectueux. M. Celle, qui avait pris tant de peine pour

moment de leur entrée au grand séminaire de Paris.

agrandir et embellir la ruche, voyant enlever un essaim nombreux, les meilleures abeilles, souffrit beaucoup. Mais ses regrets, permis, j'imagine, et bien naturels, n'allaient point jusqu'au blâme de l'autorité; si parfois il lui échappait quelques paroles un peu vives, bien vite sa conscience était en peine, et il se rattrapait sur les intentions, droites sans doute, chez les conseillers d'une mesure pareille. Dans un métal brillant et sonore, s'il y a une paille, pour la découvrir, l'œil et l'oreille d'un homme du métier suffisent d'ordinaire; mais des intentions, Dieu seul est juge.

Aussi grande fut la joie de M. Celle, encore bien qu'incomplète, quand, sur le désir souvent exprimé par beaucoup de familles, Son Eminence voulut bien, en 1884, rétablir à l'Argentière un cours de philosophie française. Aux familles qui sollicitaient ce rétablissement, M. l'Econome avait prêté son concours le plus actif; ce jeune rameau greffé sur le tronc du vieux chêne, c'était, à ses yeux, au moins **une espérance**.

§ 4

Sa vie de tous les jours

Quels que fussent les événements, il ne négligeait pas son devoir de chaque jour. Nous ne voulons pas le suivre dans tous les détails ; décrire une journée, c'est raconter sa vie d'économe. Levé tous les matins à 4 h. 1/2, hiver comme été, il descendait à la chapelle, pour la sainte messe, qu'il célébrait avec une conscience toujours délicate, inquiète même trop aisément ; c'était comme aux premiers jours de son sacerdoce. Il s'en allait ensuite faire sa première inspection à la cuisine, regardant si tout était en train et en ordre. Remonté dans sa chambre, il mettait à jour sa correspondance, qu'il tenait fort exactement. A 10 h., au coup de cloche annonçant la fin de la classe, on le trouvait d'ordinaire derrière les barreaux de la *boutique,* — presque une cave sombre et glacée ; il distribuait là livres et cahiers, fournitures diverses, avec quelques plaisanteries amicales.

Pendant la journée, on le rencontrait un peu partout, avec son rabat un peu de travers, son vieux chapeau, qui n'accusait pas de vanité son maître ; il allait et venait, récitant son bréviaire, repris vingt fois, ouvrant l'œil sur les personnes et sur les choses ; parfois il s'arrêtait, distrait et rêveur, avec son geste habituel, — le bout de l'index caressant le bout de son nez, — geste qu'il conserva jusqu'à la fin, même dans son agonie, — et qui trahissait quelque préoccupation, un scrupule ; puis tout d'un coup il se secouait et reprenait sa marche. Tantôt il grimpait, suant et soufflant, les pentes du Châtelard, quand on y faisait le bois ; tantôt il s'acheminait vers la vieille forêt, qu'il avait mise en culture, et dont il ne restait que le nom, les chênes séculaires ayant été peu à peu tous abattus ; les derniers sont devenus les bancs de la chapelle. Quelquefois, même par des temps impossibles, pour gagner quelques francs en opérant lui-même, il se rendait aux foires voisines et aux marchés, où chacun reconnaissait le Père Econome et lui faisait bon accueil.

Tous les soirs, il mettait ordre à sa comptabilité ; souvent on le plaisantait sur tous les petits papiers jetés pêle-mêle avec de la menue monnaie et divers objets, sur sa table de travail ; lui seul pouvait s'y retrouver. Il ne s'y est jamais perdu ; on l'a bien vu, après sa mort ; sous les apparences de ce désordre superficiel, dans ses affaires régnait un ordre réel et parfait. Mais l'économe ne faisait point tort au prêtre ; chaque journée, si bien remplie qu'elle eût été, par le travail et par les soucis, se terminait par le chapelet et par une lecture spirituelle méditée. Souvent le pauvre père tombait de sommeil, — et encore quelques amis parfois le condamnaient à prolonger la veille, sans que jamais, par charité, il ait osé s'en plaindre, — et il y avait du mérite, car ce sommeil tenace était héréditaire ; son grand-père, à qui physiquement il ressemblait beaucoup, s'endormait, nous disait-il, jusqu'à cinq fois pour signer les cinq lettres de son nom ; — souvent donc il tombait de sommeil, mais bon gré, mal gré, il commençait sa lecture, la reprenait, et l'achevait enfin, non sans peine ; il avait promis au jour de son ordination à la prêtrise, et il tenait parole.

Ses fonctions d'économe ne suffisaient pas à son activité : pourvoir tous les jours, — avec des ressources très modestes, insuffisantes même, — à tous les besoins matériels d'une maison considérable, ce n'était pas assez pour lui ; il trouvait encore le temps d'appartenir à tout le monde. Le Père Lacordaire a dit de quelqu'un : « Il s'oubliait pour tous, aussi fut-il aimé de tous. » Cette parole s'applique, dans toute sa force, à M. Celle.

On l'entendait dire assez souvent, avec bonhomie : « Ici, je suis le premier garçon à tout faire. » Evidemment c'était une plaisanterie, dont il riait tout le premier. Mais on peut reconnaître qu'il était heureux de se mettre au service de tous, ne pensant jamais à lui qu'après les autres. Avec un patrimoine qui lui aurait permis même le luxe, il vivait le plus simplement possible, content de tout. « C'est trop bon pour moi », c'était son mot, et sincère. Sa chambre fut la dernière qu'il répara, et très modestement, après avoir renouvelé, plusieurs fois même, celles de ses confrères ; son mobilier personnel était absolument primitif, et son vestiaire, suivant la parole des religieuses chargées de la lingerie, était celui d'un pauvre. A table, il ne se plaignait jamais ; les repas durent bien environ trente minutes au maximum; il y arrivait en retard, et partait d'ordinaire avant la fin, pour faire son tour de cuisine ; il mangeait vite, — beaucoup trop vite ; cette précipitation a été peut-être l'une des causes de la maladie qui l'a emporté. Il ne goûtait point les mets ; cependant, quelquefois, l'économe était condamné à faire honneur à certains plats, les plats douteux, mal réussis, pour encourager les convives et... les cuisinières; il s'exécutait bravement. En voyage, nous l'avons vu souvent insoucieux de son bien-être, il s'occupait avant tout d'être agréable à ses compagnons.

Il fut ainsi toute sa vie au séminaire, appartenant aux élèves, à ses confrères, à tout le monde.

V

RAPPORTS DE M. CELLE AVEC LES DIVERSES PERSONNES

§ I

Avec les élèves.

Pour les élèves ce fut toujours un vrai bon père, même, sur les dernières années, quelque peu grand-père. Sa bonté allait, faut-il dire jusqu'à la faiblesse ? non point ; quand c'était sérieux, il savait tenir bon ; mais d'ordinaire, à l'imitation de Celui qui a prononcé le *Sinite parvulos venire ad me* (1), il avait pour eux une indulgente tendresse. Il administrait les petites bourses d'un grand nombre ; on avait

(1) S. Marc, x, 14.

souvent un prétexte, sinon une raison,
pour aller, durant la récréation, même en
été, frapper à sa porte, toujours ouverte ;
on l'entourait alors ; il en profitait pour
glisser, avec une plaisanterie, un bon conseil, pour appeler l'attention sur un défaut,
sur un oubli.

On le vit même, le dernier hiver, prêter
sa chambre à quelques élèves, apprentis
tambours. A cette occasion il écrivait à un
ami : « Auriez-vous jamais pensé que moi,
« qui puis à peine chanter un oremus,
« je deviendrais un jour maître de mu-
« sique ? Il est vrai que je n'en suis en-
« core ni à la flûte, ni au violon ; je préside
« simplement aux exercices de nos jeunes
« tambours, qui remplissent ma chambre
« de leurs bruyants *rantanplans.* » Si
M. Celle acceptait ainsi gaiement autour de
lui, avec une admirable patience, pendant
maintes récréations et promenades, ce va-
carme assourdissant, c'est qu'il voulait être
agréable à ces enfants, encourager, sur un
désir de M. le Supérieur, la fanfare renais-

sante, et surtout faciliter la surveillance. Faut-il ajouter que peut-être aussi il y trouvait son compte, le bruit du tambour devant être un fort bon moyen pour mettre en fuite ces papillons noirs qui, trop souvent, voltigeaient autour de son front?

Aux heures de peines, petites ou grandes, on était sûr d'être bien accueilli et consolé. S'il survenait quelque conflit, quelques accrocs sur le terrain de la discipline, c'était fréquemment à son intercession qu'on avait recours, surtout les plus étourdis. Aussi MM. les Préfets disaient qu'il était le *Refugium peccatorum*.

Quand il allait remplacer quelque professeur absent, c'était une joie. Peut-être alors arrachait-on, de temps en temps à sa bonté, une étude de lecture ; peut-être quelque vieille histoire, quelque gai récit faisaient-ils un peu tort à Virgile et à Homère. On avait ri en classe, c'est vrai ; à mon avis, tout n'était pas perdu ; Homère et Virgile sauraient bien se rattraper. Cette gaîté, avec son charme de l'heure présente, avait son utilité ; il en resterait, à coup sûr, une impression qui rendrait plus agréable un jour le souvenir de la vie au séminaire.

D'ailleurs le père Celle, comme le nommaient les élèves, savait faire autre chose que dérider à certains moments les fronts et les esprits ; il était habile à profiter des circonstances pour encourager et pour relever. Vers les dernières années, il avait accepté d'entendre les confessions d'élèves ; il passait par-dessus ses scrupules, en bon économe chrétien, qui sait que l'homme et aussi l'enfant, ne vit pas seulement de pain ; il lui faut la parole de Dieu ; la confiance allait à lui et il fit beaucoup de bien à ces jeunes âmes.

S'il était permis de soulever ici les voiles de la discrétion, on dirait combien de prêtres, combien de jeunes gens, hommes aujourd'hui dans le monde, et choisis parfois parmi les plus étourdis en apparence, combien doivent, les uns leur vocation, les autres leur carrière et leur foi chrétienne, à ses sages conseils et à son affection dévouée, souvent même à sa générosité. Presque chaque année, M. Celle laissait dans la caisse de l'économe son traitement, pour suppléer et compléter des pensions insuffisantes. Des revers de famille, la perte d'un père ou d'un tuteur, auraient fait interrompre des études nécessaires; M. Celle était là, et les études continuaient jusqu'au bout; sa charité et son dévouement suivaient l'élève bien au delà du séminaire. Plus honnête et plus généreux que l'économe infidèle, qui se faisait des amis avec l'argent volé à son maître, M. l'Econome de l'Argentière empruntait même à son patrimoine pour faire du bien à ses jeunes amis; il avait la main facilement ouverte, parce que sa main obéissait vite à son cœur, à sa charité. Ne serait-ce point là le secret de ce pauvre vestiaire? Peut-être avions-nous tort tout à l'heure de sourire de ce vieux chapeau, qui paraît maintenant presque vénérable. Si F. Coppée avait connu M. Celle, c'est peut-être à lui qu'il aurait fait dire comme au charitable prêtre du *Pater* :

Reborde ce chapeau, recouds cette soutane ;
Mes vieux habits feront encore une saison.

Rien ne l'arrêtait, pas même les déceptions et les erreurs de sa bonté, dont on
a parfois abusé indignement. Il se connaissait bien pourtant. A un ami qui lui
avait vivement reproché une trop grande
faiblesse exploitée par un audacieux sans
vergogne, — disons bien haut que cet
exploiteur n'était pas un élève de l'Argentière, — il écrivait quelque temps
après : « Cette fois vous serez content
de moi, je pense ; on est venu pour me
circonvenir ; je n'ai point cédé ; vous
voyez que j'ai su résister. » Il est vrai
d'ajouter qu'il avait imploré le secours
de quelques confrères, les priant de ne
point l'abandonner en tête-à-tête avec le
solliciteur.

Quelquefois il s'en tirait spirituellement :
« J'ai fait, nous disait-il un jour, comme
saint François de Sales ; on voulait m'em-
prunter 100 fr., j'en ai remis 50 ; de cette
façon, tous les deux, l'emprunteur et moi,

nous gagnons 5o fr. » ; et il riait du bon tour qu'il avait joué.

Il n'est pas étonnant que l'affection reconnaissante de ses chers enfants lui fût acquise ; le *si vis amari, ama,* sera toujours vrai. Aussi, dans le diocèse, partout où se trouvaient des élèves de l'Argentière, c'étaient des amis dont le souvenir lui revenait fidèle, par exemple le jour de l'an et le jour de sa fête. Pour la Saint-Pierre, alors que dans le vaste réfectoire on criait : « Vive notre cher Père Econome ! » ce cri avait au loin son écho.

Et quand, suivant un usage touchant, les diverses classes, quelques années après leur sortie du séminaire, y revenaient, prêtres et laïques, fraternellement unis, pour raviver, dans ce rendez-vous, leurs souvenirs et leur amitié, c'était une joie de revoir le bon visage du cher Père Econome. S'il manquait à la fête, la fête était moins belle. Nous en avons eu la preuve pendant sa maladie ; une de ces réunions amicales avait lieu ; ces pauvres enfants désiraient au moins faire une visite au malade ; impossible, il était trop fatigué. Mais ils voulurent lui laisser par écrit un bonjour et un adieu fort émus. Que voulez-vous ? le Père Econome était malade, absent ; le Châtelard était moins beau, le Vieux Chapitre moins poétique ; l'Argentière était assombrie, la joie de tous attristée.

§ 2

Avec les confrères.

Cependant, si large que fût la place occupée par les élèves dans le cœur et dans la vie de M. Celle, il en restait encore pour les confrères ; d'abord envers celui qui portait l'autorité, envers M. le Supérieur, il fut toujours respectueux et obéissant d'une obéissance consciencieuse Quand il avait à faire une absence, même d'une demi-journée, comme le plus jeune professeur, il avertissait M. le Supérieur, lui demandant la permission ; et, nous le savons, cette demande coûtait toujours quelque effort, non point à sa fierté, ni à son orgueil, — c'était l'homme le plus simple, — mais à sa naturelle timidité, qu'il n'a jamais pu vaincre. Il était en très bons rapports avec M. le Supérieur, à qui, nous l'avons dit, après la mort de M. Girin, il prêta un loyal concours. De concert avec lui, douze années durant, il continua son œuvre : au domaine de la maison adjoindre quelques prés, recouvrir à grands frais toutes les toitures, y compris celle du dôme, rafraîchir les façades et les attiques, reconstruire l'escalier de l'ancien bâtiment, réparer toutes les chambres, renouveler le mobilier scolaire, maintenir le séminaire en bon état, ce fut l'objet de leur commune administration. L'aumône des Pardons y aida sans doute, mais aussi la sage gestion de la caisse, — le nombre des élèves ayant sensiblement diminué ; nous avons dit pourquoi.

Avec ses collègues, au noviciat, à l'institution des Chartreux, à l'Argentière, partout il entretient, et avec tous, un commerce agréable et facile ; nulle part il n'eut jamais d'ennemis. D'humeur accommodante, gaiement serviable, ses confrères deviennent bien vite des amis, au moins des amis du second degré ; car il a, nous le verrons tout à l'heure, — comme tout cœur humain bien fait, — ses amis du premier degré. Il a pour tous une complaisante bonté qui ne se lasse pas ; nous avons dit que sa chambre était largement ouverte aux élèves, mais ceux-ci partis, étaient souvent remplacés par les professeurs, qui venaient demander un service, chercher un conseil, ne fût-ce qu'un agréable délassement. Quelquefois nous l'avons vu fatigué, accablé de travail, son bréviaire à achever, faire cependant bon accueil à des amis, qui prolongeaient leur visite ; puisque c'était leur plaisir, comme si l'on eût été presque maître chez lui, il n'osait pas réclamer son temps ni sa liberté ; il aurait eu peur de faire de la peine.

Il était heureux de mettre au service des confrères son autorité d'Econome, dans la mesure pourtant permise par les intérêts de la maison. Un ministre des finances, di-

sait un jour M. Thiers, doit être féroce.
M. Celle, pour défendre la caisse de l'Econome, avait une férocité à sa manière; il
temporisait, il ne disait pas oui, du premier
coup; mais s'il ne disait pas non carrément,
il savait éluder, ajourner. Autant il était actif
à conduire à bonne fin l'ouvrage entrepris,
autant, si la nécessité de la dépense n'était
pas évidente, il était habile temporisateur.
Quand certains projets, fort utiles peut-
être si l'on avait eu les ressources, étaient
formés, fût-ce par M. le Supérieur, on le
voyait, lui si timide, savoir refuser, mais
sans trop dire ni oui ni non; il atermoyait,
trouvant le moyen de renvoyer à des temps
meilleurs; il faut reconnaître aussi que
M. le Supérieur comprenait bien vite; il
ajournait alors aussi de bonne grâce, sachant
bien que M. l'Econome serait le premier à se
mettre à l'œuvre, quand il aurait une bourse
mieux remplie; et c'est là de la bonne administration. Lorsqu'il était poussé à bout, il
ne heurtait pas encore trop de front les sol-
licitations; il se retranchait derrière une

vague et lointaine promesse, ou bien encore derrière un abri qu'il avait découvert : « Mon Dieu, disait-il alors, d'un air bonhomme, moi, j'accepterais peut-être ; mais là-bas, à la Grande Maison de Lyon, — c'était l'Archevêché, — mes maîtres, — car je ne suis que le domestique, — mes maîtres ne voudront pas. » Que de services lui a rendus cet argument.

§ 3

Religieuses, domestiques, visiteurs, voisins.

En sauvegardant la caisse avec une vigilance habile, l'Econome n'empêchait pas l'abbé Celle d'être toujours aimable, au dedans et au dehors de la maison. Les religieuses, les domestiques, les visiteurs, les parents, les voisins pourraient en témoigner, comme les maîtres et les élèves. Il faisait bon, a-t-on dit, vivre autrefois sous la crosse ; cette tradition, que les Dames, — on nommait ainsi dans le pays les Chanoi-

nesses, — avaient laissée dans la contrée,
M. Celle l'a continuée. Il y avait plaisir à
lui obéir ; même, si quelquefois on a mérité
quelque gronderie, on y gagne encore, disait-on, un peu plus de bonté. Une des
religieuses, — et ces bonnes sœurs, durant
toute son administration, mais surtout
pendant sa maladie, lui ont bien prouvé, par
leurs soins dévoués, l'affection et la reconnaissance qu'il avait conquises, — une
d'elles nous rappelait qu'un jour, après
quelques reproches justes, mais un peu
accentués, il était allé lui-même, devant
toutes les religieuses, à leur grande édification, porter simplement des paroles aimables à celle qui avait attrapé la gronderie.
Il souffrait tout le premier de la peine qu'il
avait dû faire ; il cherchait vite à mettre du
baume sur la blessure.

Et les domestiques ? A une époque où
maîtres et serviteurs se plaignent à l'envi,
on apprendra avec plaisir qu'à l'Argentière
les domestiques comptent aisément quinze,
vingt et trente ans de service ; ils sont de la

famille. M. l'Econome se regardait comme
le père de cette famille, ayant charge
d'âmes ; il leur faisait très exactement le ca-
téchisme ; il était heureux quand il pouvait
leur être agréable. En voyage, il pensait à
eux ; nous n'avons pas oublié qu'un jour, à
Paris, lors de l'Exposition de 1878, il voulut apporter à chacun d'eux un souvenir ;
nous voyons encore l'étonnement joyeux
d'un petit mercier, quand il entendit
M. Celle, client aux allures simples et modestes, demander des foulards, — avec le
panorama de l'Exposition imprimé, — pour
ses quinze domestiques. Quand il y avait
quelque oubli, il était bien rare qu'il y eût
renvoi ; M. l'Econome, devant le repentir,
n'était point long à pardonner ; s'il avait
quelques réprimandes à adresser, les réprimandes quelquefois partaient vite et vives ;
plus souvent il atermoyait encore, sachant
que le temps est un grand arrangeur, silen-
cieux et pacifique, des choses embrouil-
lées ; si sa conscience l'obligeait à agir, il
craignait toujours que sa naturelle vivacité ne

lui fît dépasser les limites ; il craignait surtout de causer de la peine ; c'était une vraie
souffrance ; lorsqu'il faisait confidence de
son ennui, attristé comme s'il eût été cou-
pable, on lui disait en souriant : « Oh !
avant ce soir vous aurez fait la paix ! » Et
en effet la paix se concluait bientôt ; il faisait les frais du traité, une tasse de café,
une petite goutte, ou mieux une parole
d'amitié encourageante : le serviteur était
consolé, et le maître content.

Nous sommes entrés dans ces petits détails ; ils sont caractéristiques : l'autorité
de M. l'Econome n'y perdait rien ; tous
ses domestiques lui étaient dévoués ; on le
voyait bien à sa fête, ce n'était pas le maître,
c'était le père que l'on fêtait ; tous étaient
heureux de lui offrir, malgré lui, quelque
souvenir ; on l'a bien vu aussi pendant sa
maladie et à sa mort ; tous ces bons serviteurs étaient désolés, comme s'il s'était agi
pour chacun d'un ami. Aux secondes funérailles, à Saint-Etienne, trois domestiques,
représentant leurs camarades obligés de

rester à la maison, firent, pour s'y rendre à tout prix, 5o kil. à pied ; ils arrivèrent exténués, mais à l'heure dite ; c'était pour eux comme un devoir d'honneur et de conscience, une dette de cœur ; ils lui devaient bien au moins cela jusqu'au bout, à ce bon Père Econome, disaient-ils : l'accompagner à sa dernière demeure.

Pour les parents et les visiteurs, c'était même bienveillance. Tous ceux qui, pour affaires ou simples visites, et surtout aux grandes fêtes de la maison, ont franchi le seuil de l'Argentière, se rappelleront longtemps les aimables paroles du premier accueil ; il les accompagnait durant le séjour, et, au départ, les saluait d'un au revoir souriant et sincère ; à chacun il ouvrait sa chambre hospitalière, à tous il donnait son temps et sa personne, et toujours avec une charmante bonne grâce épanouie sur son visage.

Cette amabilité sympathique rayonnait au dehors, les voisins venaient avec confiance demander un service : le Père Econome, disaient-ils, ne sait pas refuser. On ne faisait jamais un vain appel à son concours; le comice agricole de la région l'invitait-il à s'inscrire comme membre actif, il acceptait cet honneur; et aux réunions, la soutane de M. l'abbé Celle n'était point du tout déplacée; chacun était heureux de le voir; faisant partie du jury, il aurait voulu pouvoir distribuer des prix à tous les concurrents. Ouvrait-on à Sainte-Foy une caisse d'épargne; on le priait de vouloir bien être administrateur; et il allait réguliè-ment à son tour faire son service. A Sainte-Foy encore, il s'agissait de créer un marché, rendu nécessaire depuis l'ouverture du chemin de fer, et M. l'Econome payait là encore de sa personne et de sa bourse; et le marché devenait, grâce à lui pour une bonne part, fort achalandé.

§ 4

Petite lutte sur le terrain électoral.

S'il sortait ainsi parfois de l'intérieur de

la maison, ce n'était point par recherche de la popularité, mais uniquement pour obliger ; il était bien trop modeste, timide même. Une seule fois cependant il fit violence à sa réserve ; il s'emballa même, c'était son mot quand il rappelait cet épisode de sa vie, il s'emballa sur le terrain électoral. D'ordinaire il ne s'occupait pas de politique ; il était d'abord, disait-il à l'occasion, du parti des gens tranquilles, des honnêtes gens ; il se défiait un peu des grandes formules, et il aimait à citer cette parole entendue dans sa jeunesse, à Saint-Etienne, en 1848 : « On crie : « Vive la « liberté » ; fermez vite les volets, on va casser les vitres. » C'est vrai quelquefois ; il aurait eu peut-être quelque préférence pour un sabre pas trop pointu, ni trop lourd, chargé de la protection universelle, lequel sabre a bien aussi ses inconvénients ; il est toujours si difficile de mettre d'accord ces deux choses nécessaires, l'ordre et la liberté.

Un jour donc il se lança dans l'arène électorale, jeune alors, et avec tout son entrain ; à coup sûr, par son activité et son entregent, il contribua au succès du candidat pour qui il combattait. Certainement il avait obéi à la sympathie qu'il éprouvait pour ce candidat et pour sa famille ; et cette sympathie a survécu jusqu'à la fin à tous les orages qui, depuis, ont changé la scène politique ; elle était du reste bien payée de retour par cette famille, qui lui a gardé toujours une véritable amitié. On lui en a donné souvent, surtout pendant sa dernière maladie, des preuves touchantes ; presque tous les jours, deux mois durant, on venait prendre ou l'on faisait demander des nouvelles ; nous avons lu une charmante lettre, écrite par le chef de la famille, M. L. M., malade lui-même, envoyant libéralement un panier d'un vin blanc de prix, — les médecins espéraient que l'estomac du malade en serait réveillé et réconforté ; — M. M... avait joint une longue et bonne lettre à cet envoi : « Puisse, disait un passage gracieux, qu'on nous permettra de citer, puisse Celui qui, à Cana, changea l'eau en vin, donner à ce modeste vin blanc la vertu de guérir bien vite notre vieil et fidèle ami. » Le bon et vieil ami fut ému jusqu'aux larmes de cette attention et de cette délicatesse : « Il faudra bien remercier, dit-il plusieurs fois, on est trop bon pour moi. »

Cette honorable sympathie avait donc allumé chez M. Celle une ardeur qu'on ne lui connaissait pas pour les questions électorales. Cependant, sans vouloir amoindrir le sentiment qui l'animait, il faut reconnaître que M. l'Econome s'inspirait aussi des intérêts du séminaire ; à travers la fumée de la bataille, il voyait déjà poindre à l'horizon le panache de la locomotive qui, après la victoire, sur la voie ferrée, déjà en projet, de Lyon à Montbrison, traverserait un jour la vallée de la Brevenne, au grand avantage du séminaire ; l'ami était donc bien d'accord avec l'Econome.

VI

M. CELLE ET SES AMIS

A la lecture des pages qui précèdent, on voit que M. Celle avait bien vite conquis ceux qui l'approchaient ; toutefois on aurait tort de croire que cette bienveillance facile recouvrît, comme d'une gaze légère, je ne sais quelle amitié banale et universelle ; ce n'était pas un Philinte complaisant qui méritât la rude apostrophe d'Alceste :

L'ami du genre humain n'est point du tout
[mon fait.

Nous avons parlé des nombreux amis du second degré ; il avait aussi les amis du premier degré, amis intimes ; ceux-ci savent combien il leur fut dévoué toujours. Nous avons nommé M. l'abbé Girin ; nous ne citerons point d'autres noms.

Quelques faits suffiront ; c'est pour re-

joindre M. Girin qu'il consentit à quitter
l'Institution des Chartreux, où il réussis-
sait à merveille. A l'Argentière, s'il y a
quelque corvée délicate et difficile, M. Girin fait appel d'ordinaire à M. Celle, et il
est sûr d'être entendu ; appel auquel il ré-
pondra volontiers aussi plus tard, lorsqu'il
sera fait par le nouveau supérieur. — Il
accompagne joyeusement son ami à Paris,
à Londres, à Rome ; c'étaient, il est vrai,
voyages d'agrément, d'instruction ou même
de piété. Mais M. Girin est obligé, pour sa
santé, d'aller aux eaux du Mont-Dore, et
d'Aix-les-Bains ensuite ; son caractère réservé le dispose peu à se livrer aux re-
lations faciles des stations thermales ;
M. Celle, qui alors n'a nul besoin de ces
eaux-là, sachant que sa compagnie peut
être agréable, utile même à son ami,
trouve tout naturel de lui sacrifier un mois
de ses vacances ; son amitié était profondé-
ment dévouée. Aussi, quand M. Girin fut
nommé Chanoine d'honneur, quelqu'un dit
avec raison : « Le plus heureux et le plus

fier des deux, c'est sûrement M. Celle. »
Lorsque la mort brisa cette union intime,
M. Celle applaudit à la pensée de conserver,
dans la chapelle du séminaire, le cœur de
M. Girin ; il voulut faire lui-même les frais
de l'urne d'argent, destinée à renfermer ces
restes précieux, j'allais dire cette chère re-
lique, encastrée dans l'arceau qui soutient
le clocher, sous une pierre commémora-
tive. Quant au souvenir, il le gardera toujours vivant dans son propre cœur.

Un autre de ses bons amis, plus tard, passait l'hiver à Paris ; il s'y ennuie un peu. A
peine a-t-il manifesté à M. Celle le désir de
sa visite, que ce dernier, avec tout son ba-
gage dans sa poche, — c'était son habitude,
— arrive auprès de lui, à Paris qu'il connaissait d'ailleurs depuis longtemps ; c'est
que, pour obliger, il n'hésitait pas.

On en verra la preuve éclatante dans les
pages suivantes.

VII

VOYAGE EN ALGÉRIE (1)

Le moi est toujours un peu haïssable ; c'est une convenance morale et littéraire qui interdit à un auteur de se mettre en scène. Cependant nous ne résistons pas à la tentation de redire et de consigner ici notre affectueuse reconnaissance pour l'amitié dévouée, dont M. Celle nous a honoré durant de longues années. Cette amitié, on va le voir, payait en actes, plus encore qu'en paroles. Celui qui écrit ces lignes, — hommage bien modeste à la mémoire de son cher ami —, retenu trois mois malade dans sa chambre, entre toutes les marques de sympathie confraternelle qu'il reçut alors, et dont il garde le meilleur souvenir, doit dire que pas un seul jour, même les

(1) Avril 1888.

jours de grandes occupations, le bon père Econome n'a manqué de venir le réjouir par une visite amicale.

Le malade fut condamné à chercher un climat plus doux, en Algérie ; le cher et fidèle ami, aux vacances de Pâques, voulut encore faire sa visite à l'absent, lui porter, dans ce pays lointain, la consolation et la joie de sa présence. L'amitié remporta, ce jour-là, une belle victoire. « Il avait, dit Horace, un cœur dur comme du chêne, entouré d'un triple airain, celui qui le premier osa confier aux fureurs de la mer un frêle esquif, sans craindre l'impétueux vent d'Afrique, en lutte avec les aquilons. » M. Celle, pour affronter, — malgré son âge, malgré l'état de sa santé, déjà ébranlée, — les caprices de la mer, qu'il redoutait beaucoup, s'il n'avait pas cette cuirasse, l'*æs triplex circà pectus*, avait, ce qui vaut mieux, le *pectus* même, un brave cœur que l'amitié rendit fort et vaillant. Aussi la traversée fut excellente, et c'est heureux et gai qu'il aborda à Alger, avec son compagnon de route, M. Louis Celle, son plus jeune frère.

« Enfin, me voilà tout de même ! il faut bien que l'on vous aime ! » Ce furent, dans une chaude accolade, ses premières paroles, sur la barque même où nous allâmes l'accoster. Nous n'avons pas à raconter le charme de ces jours ; c'est un souvenir inoubliable. La beauté du ciel et de la mer, le site merveilleux, les coteaux verdoyants et fleuris, les blanches maisons mauresques, légères et gracieuses ; les mosquées aux couleurs éclatantes, les bigarrures des costumes, des visages, des langues ; les curiosités de la kasbah avec ses vieilles rues étroites, vraies fourmilières sillonnées d'Arabes, de Maures, de Juifs,... mais par-dessus tout la joie d'être ensemble, de faire plaisir à un ami, tout le ravissait. Lui ravissait tout le monde ; à Alger, comme partout, il faisait des conquêtes ; tous ceux avec qui il fut mis en rapport, étaient charmés de sa simplicité et de sa bonté. « Votre ami, M. l'Econome, le père Econome, — on s'était vite mis à dire comme à l'Argentière, — est vraiment un homme bien aimable. » C'est la phrase que nous avons entendue bien souvent, et longtemps après son départ, on nous demandait avec intérêt de ses nouvelles. Plus tard, ce fut avec une sympathie attristée que l'on apprit sa mort.

Quelques épisodes.
Blidah, Staouëli, Kabylie, RR. PP. Blancs.

On nous pardonnera de sortir un peu du cadre étroit de cette petite notice et de raconter deux ou trois épisodes de ce voyage, parce que nous y retrouvons bien M. Celle.

Nous revenions de Blidah, cette jolie ville moitié française, moitié arabe, une petite rose, dit un poète indigène, épanouie au milieu des orangers ; dans notre compartiment se trouvait un Arabe ayant un assez grand air, avec sa veste bleue, richement brodée, son burnous de fine étoffe ; il lisait le *Figaro* et avait près de lui un volume de Charpentier, une nouveauté. Une personne, qui nous accompagnait jusqu'à Bouffarik, laissa, avec la bonne intention de nous montrer comment on tutoyait les indigènes, échapper une interrogation imprudente, qui fut relevée poliment, mais de leste façon, par le lecteur du *Figaro*.

Après la descente de notre compagnon de route, M. Celle, placé en face de l'Arabe, voulant effacer la mauvaise impression produite, trouva le moyen d'engager la conversation ; bientôt il eut conquis l'Arabe, conquête plus facile, il est vrai, que celle qu'il fallut renouveler cent fois, trente années durant, dans la plaine que nous traversions ; que de sang répandu alors ! M. Celle n'eut à dépenser que sa bonne grâce, et il était riche ; il fit si bien, parfaitement secondé du reste par M. Louis, qu'en arrivant à Alger, on échangeait de bonnes paroles, des poignées de mains, et je crois que M. l'Econome invita Sidi Hassen-Ben-Ali, lors de son prochain voyage en France, à s'arrêter à l'Argentière.

Quelques jours après, nous étions à la Trappe de Staouëli, monastère fondé en

1843, sur le plateau même, où, le 19 juin 1830, l'armée française défit les troupes du dey ; la première pierre a été posée sur un lit de boulets et d'obus ramassés sur le champ de bataille. Le R. P. abbé dom Augustin voulut bien nous faire tout visiter lui-même. M. Celle, économe, admirait la grande exploitation agricole : à entendre parler de 10.000 hectolitres de vin, de 600 hectares de vigne, de centaines encore d'hectares consacrés aux géraniums, aux céréales, aux plantes fourragères — toutes cultures qui, au prix de bien des vies, ont remplacé les broussailles et les marais — il trouvait que son domaine de l'Argentière faisait petite figure.

Après avoir contemplé cette richesse, la richesse des pauvres, qui se dépense en bonnes œuvres, M. Celle, prêtre, admirait bien davantage les cellules étroites et misérables ; et, au réfectoire, le repas si maigre. « Mais nous autres, disait-il, devant ces austérités, qu'allons-nous devenir ? comme ils sont plus sages que nous, que moi, du moins ! » Nous cherchions à le rassurer un peu, lui rappelant que le même Dieu a allumé dans le ciel les brillants soleils et les petites étoiles, et que dans la maison du Père éternel il y a plusieurs demeures.

Nous allions nous retirer, quand nous fûmes présentés au Père Pothin. Ce religieux, l'abbé Ryb..., avait été autrefois (il y avait plus de quarante ans), vicaire à Bourg-Argental. C'est là qu'il avait connu alors, dans cette famille, dont nous avons parlé, M. et Mme Celle et quelques-uns de leurs enfants. Il fut tout heureux de la rencontre, et demanda avec intérêt des nouvelles de la famille. Comme si le silence et la régularité du cloître, qui les abrite contre les révolutions du monde, faisait aux religieux une vie immobile dans le cours des années, il fut un peu surpris d'apprendre la mort de M. et de Mme Celle. « Et les enfants, comment vont-ils ? que sont devenus Aimé, Antonin ? qu'est devenu aussi le petit Pétrus ? Il était si délicat, si gentil, si pieux ! » Le petit Pétrus, depuis longtemps déjà le gros abbé Celle, était obligé de rougir un peu et de se taire. Alors nous répondîmes : « Mon Révérend Père, le petit Pétrus est devenu un peu gros, mais il est toujours très gentil ; sa piété ne s'est pas démentie ; il est prêtre ; le voilà devant vous, qui vient à la Trappe en pèlerinage, pour se sanctifier davantage encore. » — « Oh ! j'en suis bien content, dit le Père, mais je n'en suis pas surpris. » Bientôt nous disions adieu au vénérable père Pothin, et nous quittions la Trappe, ravis et édifiés, charmés aussi de l'accueil aimable fait par ces bons religieux, avec cette simplicité souriante des âmes saintes, pleinement dégagées des soucis terrestres.

Une dernière excursion, plus longue et plus belle — trois jours en Kabylie — demanderait presque un petit volume. Mais nous renvoyons nos lecteurs à un livre qui vient de paraître, écrit par un Lyonnais (1) ;

_____

(1) *Huit jours en Kabylie*, par François CHARVÉRIAT. Paris, Plon.

ils y verront cette Suisse alpestre de l'Algérie, ces ravins profonds, ces pentes
abruptes, admirablement cultivées malgré
l'ingratitude du sol, ces villages innombra-
bles accrochés à chaque piton ; ils regar-
deront passer les Kabyles aux yeux vifs, à
la physionomie grave, noblement drapés
dans leurs burnous, trop souvent en hail-
lons. M. Celle, sous ce ciel d'un bleu foncé,
dans cet air pur et transparent, devant ce
paysage, gracieux quelquefois, plus souvent grandiose, toujours varié, comme
nous tous d'ailleurs, était ravi ; il ne pouvait dire assez son contentement, remercier notre aimable guide (1), heureux pour
lui-même, heureux pour tous, et répétant
à son frère : « A Villars, à l'Argentière, on
ne pense pas que nous sommes en Kabylie ; qui m'aurait dit que je viendrais au
pied du Djurdjura, ce géant devant lequel

(1) M. l'abbé Cornud, aumônier du lycée d'Alger, que nous voulons nommer ici, pour avoir
l'occasion de le remercier du bon accueil fait à nos
amis.

notre Chatelard n'est qu'un petit garçon?
es-tu content? n'ai-je pas bien fait de te dé-
cider à venir? »

Après bien des kilomètres à travers les
montagnes, qui se succédaient et s'éta-
geaient, nous voici arrivés à la petite maison des RR. PP. Blancs. Ces bons pères
nous accueillent comme des amis, nous,
inconnus. Ce sont des missionnaires d'Afrique, créés par Son Em. le cardinal Lavi-
gerie, et les principaux ouvriers de ses
grandes œuvres. Outre leurs grandes missions au centre de l'Afrique noire, ils
ont fondé, par groupes de trois pères réunis, six établissements en Kabylie. Ces religieux sont vêtus comme les Kabyles ; à
cinquante pas on ne les distingue point.
Ils ne font pas de prosélytisme, cherchant
à gagner l'estime et l'affection de ce peuple,
au milieu duquel ils sont venus vivre, et ils
y réussissent par les services rendus, par
les soins et les remèdes donnés aux mala-
des ; de plus, ils tiennent des écoles, où ils
enseignent, avec les éléments du français,

certains usages de propreté et quelques
principes de morale.

Les Pères étaient occupés à photogra-
phier leurs élèves. Bientôt ces enfants, tê-
tes brunes, mines éveillées, viennent à
nous, nous entourent et nous baisent les
mains. Tout de suite nous sommes des amis,
des pères, des marabouts noirs ; nous obte-
nons un congé ; mais ces petits ne partent pas
sans avoir récité quelques fables, répondu
à diverses interrogations sur leurs études ;
et pour couronner la fête, nous distribuons
quelques sous, — qui avaient une grande
valeur, car il régnait une profonde misère
dans le pays.

Le père Econome était heureux ; les larmes lui venaient aux yeux, au spectacle de
ce petit troupeau, gai, animé, groupé autour de ces prêtres catholiques, blancs et
noirs. « Eh bien, disait-il, je vais joliment
étonner et amuser nos enfants de l'Argentière, — tout, en effet, reportait sa pensée
vers son cher séminaire, — quand je vais
leur raconter que j'ai fait passer un examen

aux petits Kabyles... et, pour les intéresser davantage encore à l'œuvre de la Propagation de la foi, je leur dirai la belle et bonne œuvre des Pères auprès de ces enfants. » Et il promit à ces petits de leur envoyer de Marseille une caisse de jouets.

Au déjeuner les bons pères furent prodigues de leur pauvreté ; l'Amin du village — une sorte de maire — nous fit apporter, par son frère, des présents bibliques, du lait, du miel, des raisins et des galettes. M. Louis se dépense en exquise politesse auprès du Kabyle, qui ne sait pas un mot de français, et M. l'abbé Celle se croit obligé de faire honneur aux présents, jusqu'à la galette inclusivement, lourde et dure, qu'il proclame hardiment tendre et légère. Nous reconnaissons là l'amabilité de M. Celle, à qui le cœur donnait de l'estomac. Peut-être aussi à cette amabilité naturelle s'ajoutait la grâce d'état. Combien de fois M. l'Econome a-t-il dû payer d'exemple pour encourager ses convives, trouvant excellents des plats à peine supportables !

Après le repas, visite solennelle au village des Beni-Menguallet, sale et pauvre, peuplé d'une multitude en guenilles ; tout est malpropre, sordide, jusqu'à la petite mosquée, qui n'est vraiment qu'un pigeonnier délabré. Voilà le milieu où vivent les Pères, qui n'ont même pas la consolation de faire directement œuvre de prêtres. A peine s'ils ont l'espoir ; ils sèment dans la peine, sans être bien sûrs que d'autres moissonneront dans la joie (1).

Enfin, nous quittons à regret ces chers Pères, édifiés de leur zèle apostolique, et reconnaissants de leur fraternelle hospitalité. Le lendemain nous étions rentrés à Alger.

(1) Le bon grain n'est pas tout perdu : nous rencontrions, l'autre jour, à l'archevêché d'Alger, un jeune Kabyle, âgé d'une vingtaine d'années, qui venait demander instamment le baptême. Malade récemment à Alger, il avait pleuré et crié, ne voulant pas mourir sans être baptisé. Tout son désir était de vivre et de mourir dans la religion des pères blancs, dont il a été l'élève ; l'apostolat de leur vie avait suffi pour ouvrir ce jeune cœur à la grâce.

Ce fut bientôt l'heure du départ. Après l'heureuse expérience du voyage, M. l'Econome s'embarquait avec tranquillité. Mais il ne partit point sans se faire escorter par une abondante cargaison de dattes succulentes, destinées, comme don de joyeux retour, aux confrères et aux élèves, à toute la famille de l'Argentière. « Qu'est-ce que je pourrais bien leur porter là-bas comme souvenir de mon grand voyage ? » disait-il souvent. Il n'avait certes pas besoin d'arriver avec ces fruits du pays lointain pour être bien reçu. Pour lui, il partait content surtout d'avoir fait plaisir à un ami, — qui en garde au cœur la plus vive reconnaissance. Cet ami le suivait dans sa route avec le vœu d'Horace pour Virgile : « *Serves*, disait-il, au navire qui l'emportait, *serves animæ dimidium meæ !* » et, plus chrétiennement avec la prière adressée à l'Etoile de la mer : « *Iter para tutum.* » Le père Econome arriva donc presque aussi fier de sa traversée, que s'il avait fait le tour du monde ; ce fut avec d'enthousiastes applau dissements, vingt fois répétés, que les enfants et les maîtres saluèrent le retour de leur père et de leur ami.

VIII

SON AFFECTION POUR SA FAMILLE

Cependant c'est à sa famille qu'il voulut faire sa première visite, on l'avait vu partir avec inquiétude ; il tenait donc à voir les siens, à les remercier et à les rassurer au plus tôt ; car il avait pour eux une profonde et vive affection.

Tant que le père et la mère vécurent, il se fit toujours un devoir de conscience et une joie du cœur d'aller, le plus souvent possible, les réjouir de sa présence ; il leur garda jusqu'à la fin la soumission modeste et la filiale tendresse de son enfance et de sa jeunesse. « Il fallait voir alors, nous disait un des membres de la famille, le bonheur et la fierté du père et de la mère, quand Pétrus arrivait : on se rassemblait à la maison paternelle ; l'abbé était le centre de la réunion, le cœur si vous voulez ; il y apportait son entrain, sa gaîté, avec toutes les petites histoires que l'on écoutait, riant la vingtième fois comme la première. »

Après la mort de ses parents, il continua ses visites auprès de ses frères et sœurs, partageant son amitié entre tous, ou plutôt la donnant tout entière à chacun. Quelquefois, sûr des siens comme de lui-même, il emmenait à la Grille, à Andrézieux, à la Gouillonière, à Villars (1) surtout, quelques

(1) A Villars, près de Saint-Etienne, se trouve la maison de campagne de M. Celle père, joli petit castel, resté indivis entre M. Louis Celle et M. l'Econome ; l'un et l'autre se faisaient un plaisir d'y bien recevoir leurs amis communs. Faut-il, pour en conserver le souvenir et pour montrer le coup d'œil et le sang-froid du jeune Pétrus, rappeler ce qu'il raconta plus d'une fois à Villars même ? Le chemin de fer — une seule voie — passait au bas de la clôture ; un jour, Pétrus aperçoit un train de marchandises qui monte, peu après, un train de voyageurs qui descend... par ses cris et ses gestes désespérés, il fait arrêter ce dernier convoi, et s'élance au galop au-devant de l'autre,

amis, qui étaient toujours accueillis avec
la meilleure bonne grâce ; c'est de famille,
paraît-il. On sait avec quel plaisir il se pro-
mettait une petite fugue à Saint-Etienne, heureux de dérober quelques moments pour
les passer avec ses frères et ses neveux. Il
regrettait de n'avoir, aux vacances, que des
jours rares et courts à leur donner, retenu
qu'il était ou rappelé par un escalier à établir, un toit à recouvrir, des appartements
à réparer. Mais, de loin ou de près, il s'intéressait à leur commerce, à leurs travaux,
à leurs succès, à leurs joies aussi, mettant
son ministère sacerdotal au service de son
amitié, pour les mariages et les baptêmes,
nombreux dans une famille, dont le grand-
père avait eu vingt-quatre enfants, et le
père douze ; dans ces occasions, il ne craignait pas de parler, il y allait de tout son

qu'il arrête juste à temps ; il n'y eut pas de choc,
excepté entre les deux mécaniciens, qui, nez à nez,
échangèrent mutuellement les plus violentes récri-
minations, oubliant naturellement de remercier
leur jeune sauveur.

cœur, et les petits discours prononcés étaient toujours charmants et délicats ; on les conserve comme de bons souvenirs. Il prenait une grande part aux peines qui survenaient ; nous pouvons le dire, sa préoccupation, alors, allait jusqu'à la souffrance ; il n'était pas seulement ennuyé ; il en était malade, littéralement.

Ils se trompent donc bien les parents qui hésitent à donner à Dieu, quand il les appelle au service de la religion, quelques-uns de leurs enfants ; ils les regardent comme perdus ; comme si le cœur de ces enfants, plus détaché des choses de la terre, n'était pas plus élevé, plus large et plus libre pour aimer et pour se dévouer ! Le don que M. Celle avait fait de soi-même à Dieu, à l'Eglise, à l'Argentière, à son devoir, ne l'empêchait point de conserver dans son cœur une grande place à sa famille, interprétant sagement la parole de saint Paul : « *Omnibus omnia factus sum* (1). »

(1) I Cor., IX, 22.

Aussi était-ce une fête quand il arrivait ; le bon oncle Curé, tout le monde, grands et petits, l'aimait. Quelque temps avant sa mort, son petit filleul, un enfant encore, le petit Pétrus, comme on lui parlait d'un bonheur survenu à l'une de ses cousines, répliqua spontanément : « Oui, mais elle n'a pas un si bon parrain que moi. » Il avait bien raison, car ce bon parrain l'aimait bien ; avec raison aussi, au lende- de sa mort, un membre de la famille, à qui on annonçait ce malheur répondit : « C'est une vraie perte pour tous, ce brave Pétrus était un trait d'union dans la famille. »

Nous venons d'écrire deux fois ce triste mot de « mort » ; en effet, ce bon parrain, ce frère bien-aimé, cet ami dévoué, cet ha- bile économe, M. l'abbé Celle, si cher à tous, et à tant de titres, le bon Dieu allait l'enlever à l'affection universelle ; l'heure de la récompense ne devait pas tarder à sonner.

IX

LA MALADIE ET LA MORT

M. Celle qui, depuis quelques années, avait ressenti des atteintes de gravelle, soulagées par quelques saisons à Contrexéville, paraissait être encore en pleine force, et promettre de longs services. Cependant, — était-ce un pressentiment ? — à la fin de l'automne 1888, quand il achevait la réfection de l'escalier dans le corps du vieux bâtiment, à gauche de la chapelle, il avait dit plusieurs fois : « C'est bien mon dernier ouvrage. » En effet, après quelques fatigues d'estomac, éprouvées au printemps suivant, premiers symptômes du mal, il fut pris, un dimanche, le 7 juillet, de vomissements de sang ; tout de suite il soupçonna la gravité de son état : « Je suis plus malade qu'on ne pense, » disait-il à ceux qui le rassuraient. Il remonta dans sa chambre, cette chambre si connue des maîtres et des élèves, des parents et des visiteurs. Il ne devait plus en sortir vivant.

La maladie mit deux mois et demi pour le conduire au tombeau ; ce fut une grâce du bon Dieu ; M. Celle avait souvent demandé au Maître de la vie et de la mort de le préserver d'une mort subite et imprévue (1), que son tempérament lui faisait redouter ; — il fut exaucé et il en a vivement remercié Dieu. De prime abord, les trois docteurs consultés jugent l'état très grave, presque sans espoir ; le foie et l'estomac étaient atteints radicalement ; le médecin du séminaire (2), un ami du père Econome, venait le visiter chaque jour, et après chaque visite, s'en retournait désolé de son impuissance à conjurer le mal, qui marchait lentement, mais sûrement.

(1) Un député disait un jour, dans un groupe, que la mort à ses yeux la plus enviable, c'était la mort subite... « Alors, la mort d'une brute, » répliqua Royer-Collard.

(2) M. le docteur Sattin.

Un moment, sur le conseil des médecins, on eut la pensée qu'un changement d'air, un séjour dans sa famille, apporterait, sinon la guérison, mais peut-être avec la distraction, quelque soulagement. Au premier mot, discret pourtant, de ce projet, le malade n'y sourit guère. Par délicatesse, il craignait d'imposer quelque gêne à sa famille ; il y allait bien avec plaisir pour y porter la joie ; il lui répugnait d'y porter la peine et l'embarras de sa maladie ; et puis, avec le vague instinct qui lui faisait pressentir sa fin, il lui en coûtait de s'éloigner de sa chère maison de l'Argentière, peut-être pour ne plus la revoir ; ses yeux se mouillèrent de larmes. « Père, lui dit-on alors, oui, restez ici avec nous, vous avez bien mérité, après trente années de services dévoués, d'être soigné par ceux qui forment votre seconde famille. » Et les confrères présents, les religieuses, les domestiques, tous furent tristement heureux de le garder.

Aussi, rien ne lui a manqué, ni les soins

7

les plus tendres, ni les prières les plus fer-
ventes, ni les vœux les plus ardents; les uns
promettaient un pèlerinage à Notre-Dame
de Lourdes, d'autres faisaient des neuvai-
nes à Notre-Dame de Fourvière ; quelques
domestiques accumulaient chapelets sur
chapelets ; on est allé plus loin, il est des
personnes qui ont demandé à Dieu la pro-
longation de leur propre maladie pour ob-
tenir, en échange, sa guérison. C'est que
toutes les sympathies acquises durant sa
vie revenaient, de près et de loin, auprès
de son lit de douleur. Ces chers amis, anciens condisciples, anciens élèves, prêtres
et laïques, qui lui apportaient leurs témoi-
gnages d'affectueux souvenir, il les accueil-
lait avec un cœur tendrement ému et les
yeux pleins de larmes. Dans toute la vallée de l'Argentière et au delà, depuis les familles les plus honorables jusqu'aux plus
modestes, chacun s'intéressait vivement au
cher malade. Plus de cent fois, demandant de ses nouvelles, on nous disait :
« Mais le bon père Econome guérira bien ?

sa mort serait un vrai malheur pour la maison et un grand chagrin, une perte aussi pour tout le monde. »

Tous ces vœux ne purent arrêter le mal ; Dieu avait jugé que la tâche était remplie ; seulement, avant la récompense, il voulait la perfection de cette belle vie par les épreuves des derniers jours. Durant plus de deux mois, le malade, à l'édification de son entourage et pour la sanctification de son âme, fit éclater particulièrement sa patience, sa piété, et sa bonté encore.

Sa patience : malgré la vivacité naturelle à son tempérament actif, il était là, affaibli, souffrant, presque condamné à une immobilité continuelle, haletant, mais toujours tranquille et doux ; jamais un mot de plainte n'est sorti de ses lèvres. A certains moments, où les douleurs étaient plus aiguës, on lui disait : « Père, souffrez-vous bien ? » N'osant dire non, pour ne pas offenser la vérité, ne voulant pas dire oui, pour ne pas se plaindre, il répondait assez souvent : « A moitié..., entre deux. »

Sa piété : pendant ces deux grands mois, il a vécu préoccupé de son âme, du bon Dieu, de l'autre vie, beaucoup plus que de sa maladie et de la mort même. Après la consultation entre un médecin de Lyon et celui du Séminaire, quand ils lui apportèrent l'ordonnance : « Allons, dit-il en souriant, c'est mon arrêt de mort que vous avez signé. » Puis, après leur départ : « Oh ! mourir, cela ne me fait pas grand' chose, mais c'est là-bas, de l'autre côté, que cela m'inquiète. » Malgré sa confiance filiale en Dieu, ces craintes du jugement, et surtout les scrupules d'une conscience extrêmement impressionnable, délicate jusqu'à l'exagération, le firent souffrir beaucoup jusqu'à la fin. Une de ses réponses exprime bien cet état de son âme ; un ami était venu lui faire visite et l'encourageait, lui répétant : « Allons, soyez plus tranquille, vous avez toujours bien accompli vos devoirs de chrétien et de prêtre. » — « Ils me le disent bien, répliqua-t-il, et Dieu est trop bon pour moi, mais je ne sais pas trop si je puis les croire ; je sais bien que je n'ai pas été assez sage, » ajoutait-il avec l'accent vrai d'une profonde humilité.

Quand il lui fallut recourir à l'aide de quelqu'un, ne fût-ce que pour se lever, jamais il ne voulut souffrir personne autre qu'un confrère ; il était d'une réserve que l'on appellerait excessive, si cette modestie n'était toujours très respectable en elle-même et la preuve, durant sa vie sacerdotale, d'une habituelle délicatesse, devenue comme une seconde nature. Il ne se départait quelquefois de cette réserve, dans son langage, que pour apostropher le diable, acharné, disait-il, après lui ; alors il lui lançait bravement, et plus triomphant qu'à Waterloo, le mot de Cambronne.

Par contre, avec quelle piété il priait ! Que de fois il a répété : « Mon Dieu ayez pitié de moi ; sainte Vierge Marie, priez pour moi ! » Et comme parfois, pour l'encourager et pour le rassurer contre les scrupules qui l'obsédaient, ou lui disait :

« Mais vous aimez bien le bon Dieu ? » —
« Oh ! oui, reprenait-il, de tout mon cœur ;
il n'y a que cela ; le reste n'est rien. » Avec
une dévotion touchante, il baisait fréquemment sa croix de prêtre de la Société des
Chartreux, sa médaille de congréganiste ;
souvent aussi il s'associait, à haute voix, à
la récitation du chapelet, sans vouloir s'arrêter, lorsqu'on l'en priait, à cause de la fa-
tigue qu'il en éprouvait.

De temps à autre, même dans les choses
de la piété se retrouvait son caractère jovial ; il était obligé, pour conjurer les vomissements, de sucer à chaque instant un peu
de glace, qui lui relevait le cœur et l'estomac. « Comme je serais content, disait-il
quelquefois, si j'ai le bonheur d'aller au
Purgatoire, d'avoir aussi quelques morceaux de glace à sucer ! » Et comme on lui
faisait remarquer qu'au purgatoire il y aurait pour lui beaucoup de morceaux de
glace fraîche, c'est-à-dire ses bonnes œuvres, ses souffrances, et les prières de ses
amis : « Oui, c'est vrai, merci bien. » Enfin

il n'est pas besoin de dire qu'il reçut les sacrements de l'Eucharistie et de l'extrême-onction avec courage, — ce mot ne convient pas pour un prêtre, ni pour un vrai chrétien, — mais avec une foi vive et une grande consolation. « Je suis bien content, » disait-il après, dans la journée. Plus de vingt fois il renouvela, surtout vers les derniers jours, le sacrifice de sa vie, avec un plein et entier abandon à la volonté de Dieu.

Sa bonté : ce fut, jusqu'à la dernière minute de sa vie, le trait caractéristique de sa physionomie morale ; cette bonté épanouie qui rayonnait sur son visage, une bonté qui ne se produisait pas seulement en paroles aimables et polies, mais qui se donnait en action, avec simplicité et bienveillance. Il fut bon jusqu'au bout ; quand les visiteurs, ses parents, des amis, venaient à lui durant sa maladie, après la première émotion, qui lui attendrissait le cœur et mettait des larmes dans ses yeux, après les avoir bien remerciés, il pensait aussitôt, comme autrefois, à les faire reposer et rafraîchir. Pour tous ceux qui l'entouraient, confrères, religieuses, domestiques, — et tout le monde était heureux de le servir, — au moindre service rendu, il répondait toujours, même quand il pouvait à peine articuler quelques mots entrecoupés, par un merci tout cordial, s'excusant humblement de donner tant de peine.

Tous les soins n'arrêtaient rien ; le dénouement approchait ; le samedi matin, on crut devoir faire les prières de la recommandation de l'âme ; le malade entendait, mais ne pouvait manifester sa pensée. Dans l'après-midi, il y eut comme une étincelle de vie qui se ralluma ; tous les domestiques étaient rangés autour de son lit ; alors d'une voix assez forte : « Vous êtes donc venus dire adieu à votre pauvre vieux économe ; je vous remercie ; soyez toujours bien sages ; quand vous prenez vos récréations, n'offensez pas le bon Dieu ; aimez-le toujours bien. » Et ces braves gens fondaient en larmes.

Bientôt l'agonie recommença ; elle devait durer, avec quelques alternatives, plus de cinquante heures ; par trois fois, croyant la fin venue, on récita les prières des agonisants ; le bon père était là, étendu par le travers de son lit, comme en croix, dans la souffrance, livrant sa suprême bataille. Ce spectacle navrait le cœur ; il y avait autour de ce cher mourant quelques amis échangeant, entre deux prières, quelques réflexions sur la vie présente et sur la vie future. Nous avions dans l'esprit ces paroles de M. Renan, que nous venions de lire : « La religion, la poésie, la vertu, inutilités providentielles, sublimes absurdités, toutes les déceptions... le paradis promis à l'homme, sans réalité ; mais il faut agir comme s'il en avait (1). » Eh bien, à voir notre ami couronnant, par une agonie douloureuse, une vie de travail, de devoir, de vertu, de sacrifice : « Vraiment, disions-nous, il serait bien avancé, avec ces char-

(1) *Examen de conscience philosophique*. Renan, *Revue des Deux-Mondes*, 15 août 1889.

mantes inutilités providentielles, ces déceptions et ces folies sublimes, s'il n'y a là que
des mots, s'il n'y a pas un vrai ciel, un
vrai Dieu de justice et de bonté? Comment
le rassurer et l'encourager? Il aurait donc
fait, durant 60 ans, un métier de dupe?
Mieux vaut croire au paradis réel et au bon
Dieu qui l'attend; mieux vaut se fier à
Celui qui a dit : « *Venite ad me omnes qui
laboratis et onerati estis, et ego reficiam
vos* (1). » Pour le récompenser, mieux vaut
s'en tenir à cette parole de M. Girin, —
unissons encore une fois ces deux noms,
*amabiles in vitâ suâ, in morte quoque non
sunt divisi* (2), maintenant que les deux
amis sont réunis dans l'autre vie, — mieux
vaut s'en tenir à cette parole qu'il disait
quelques heures avant sa mort, et que,
plus d'une fois, nous avions rappelée à
M. Celle, durant sa maladie : « Heureusement que j'ai travaillé pour l'Eglise et pour

(1) S. Matth., xi, 28.
(2) II Reg., i, 23.

le bon Dieu; sans quoi j'aurais perdu mon temps. »

Pendant l'échange de ces pensées autour de lui, et la récitation des dernières prières, l'agonisant souffrait toujours; le dimanche arrivèrent ses trois frères et deux de ses neveux; il put encore les reconnaître, leur serrer un peu la main et balbutier quelques mots, et l'agonie continua jusqu'au lendemain lundi, 16 septembre; à midi et demi, après avoir, quelques minutes auparavant, baisé le crucifix qui avait reçu les derniers soupirs de son père et de sa mère, après avoir, de sa main défaillante, ébauché, sans pouvoir l'achever, un dernier signe de croix, l'abbé Pétrus Celle, dans sa soixante et unième année, rendit son âme à Dieu.

Cette vie de travail et de bonté se terminait par une belle mort, la mort d'un saint prêtre : *pretiosa in conspectu Domini mors sanctorum ejus* (1). Deux jours après, le *Mé-*

______

(1) Ps. cxv, 15.

morial de la Loire publiait ces quelques lignes, qui résument très exactement les principaux traits de ce sympathique caractère :

« M. l'abbé Celle laisse à tous ceux qui l'ont approché, à ses confrères, aux élèves de l'Argentière et à leurs familles, à ceux qui ont eu à traiter avec lui, le souvenir de son affabilité, de sa cordialité expansive, de ses paroles obligeantes, de ses bons conseils, de maint service discrètement rendu. Dieu et ses obligés savent seuls les secours dont il a souvent aidé les vocations ecclésiastiques de ses séminaristes. Sa piété, sa délicatesse de conscience, poussée jusqu'au scrupule, ont été, pour ceux qui l'ont connu plus intimement, une source d'édification. La mort de cet excellent prêtre est une grande perte pour les siens, pour le séminaire de l'Argentière, pour la maison des Chartreux, pour le diocèse de Lyon tout entier. »

Ce sentiment unanime était exprimé à haute voix par tous ceux qui ont assisté aux funérailles du cher défunt ; chacun faisait son éloge. Qu'il nous soit permis de citer, entre toutes, une seule parole bien caractéristique : « Ce cher M. Celle, disait, tout en larmes et bien spontanément, une personne qui le connaissait depuis longtemps, ce cher M. Celle, c'était bien la bonté sur la terre. » Nombreux étaient ceux qui ont fait à son cercueil, à l'Argentière, le mercredi 18, et à Saint-Etienne, le jeudi 19, un long cortège d'honneur et d'affectueux respect : plus de 80 prêtres, bien que plusieurs aient été retenus par la retraite ecclésiastique, toutes les principales familles de la contrée, beaucoup d'amis et d'anciens élèves. A Saint-Etienne, les élèves stéphanois-argentériens avaient voulu offrir à sa mémoire, en témoignage de leur filiale reconnaissance, une couronne magnifique, portée par l'un d'eux et suivie par tous. Ils avaient bien raison, car M. l'Econome, dans la grande patrie, avait une affection toute particulière pour la petite patrie, sa ville natale, et les élèves de Saint-

Etienne avaient naturellement ses préférences ; personne ne songeait à s'en plaindre ; de ce côté-là tout le monde était bien servi.

Ce concours empressé était tout un éloge ; mais la plus belle louange, ce sont ses œuvres. Ces bonnes œuvres, dans la mesure possible, il les a prolongées après sa mort ; par ses dernières dispositions, après avoir distribué son patrimoine aux membres de sa famille, sans oublier personne, il a songé d'abord à pourvoir, par anticipation, aux besoins de son âme ; puis il a eu des souvenirs généreux pour les pauvres d'Aveize et de Villars, pour les domestiques du séminaire, pour la Propagation de la foi, pour la chapelle de N.-D. de Fourvière, et enfin pour sa chère maison de l'Argentière.

. . . .

Ce long cortège d'amitiés et de sympathies attristées, derrière votre mortelle dépouille, nous faisait penser, cher ami, à l'escorte plus longue encore de vos œuvres qui, après les jours de travail, vous ont accompagné devant Dieu dans le lieu du repos, de la lumière et du rafraîchissement. Il nous semblait voir le divin Maître, vous accueillir à la porte du ciel par ces paroles : « Allons, courage, mon bon serviteur; tu m'as été fidèle dans le modeste ministère que je t'avais confié; ton domaine va s'agrandir; entre, et viens partager la joie de ton seigneur (1). »

Et il y en aura pour l'éternité.

C'est là que nous voulons aller à l'heure marquée, par le même chemin, vous rejoindre et vous revoir; cette espérance console notre tristesse et encourage nos efforts. En attendant, tous ici-bas, parents, confrères et amis, nous garderons fidèlement, avec votre image vivante, toujours aimable, devant nos yeux, votre doux souvenir dans la meilleure de toutes les mémoires, la mémoire du cœur;

(1) Ait illi Dominus ejus : Euge, serve bone et fidelis, quia super pauca fuisti fidelis, super multa te constituam, intra in gaudium Domini tui. (S. Matth., xxv, 23.)

ainsi aimé de Dieu dans le ciel, vous serez
encore aimé des hommes sur la terre, et
nous pourrons graver, sur la pierre de votre
tombeau, la parole de l'Ecriture que nous
avons inscrite au frontispice de cette petite
biographie : *Dilectus Deo et hominibus,
cujus memoria in benedictione est.*

TABLE

Lyon. — Imp. Emmanuel Vitte, rue Condé, 30.